「氣」の道場

一流経営者やリーダーはなぜ「氣」を学ぶのか

藤平信一

ワニブックス
|PLUS|新書

はじめに

わたしは心身統一合氣道という武道の継承者です。日本の国内外で心身統一合氣道の指導と普及に努めています。現在、世界24カ国で約3万人が言葉・文化・宗教を越えて同じ教えを学んでいます。

心身統一合氣道の創始者である藤平光一《とうへい》は三人の師匠に恵まれました。「山岡鉄舟《てっしゅう》の教え」を説いた小倉鉄樹《てつじゅ》師、「合気道の開祖」である植芝盛平《もりへい》師、そして「心と身体の関係」を説いた中村天風《てんぷう》師。偉大な師匠と出会い、厳しい修行の末に藤平光一が体得し、創見したのが心身統一合氣道です。

本書の内容は心身統一合氣道に基づいています。ワニブックス【PLUS】新書による「氣」のシリーズです。

第1弾の『心と身体のパフォーマンスを最大化する「氣」の力 メジャーリーグが取

り入れた日本発・セルフマネジメントの極意』では、「持っている力を最大限に発揮する」ことをテーマに、ロサンゼルス・ドジャースでの「氣」の指導に基づいてお伝えしました。野球評論家の広岡達朗さんとの対談も収録されています。

第2弾の『「氣」が人を育てる 子どもや部下の能力を最大限に引き出す教育とは』では、「持っている力を最大限に引き出す」をテーマに、昭和医療技術専門学校という良き教育現場を紹介しながら、人を育てるうえで「氣」がいかに重要かをお伝えしました。山藤賢校長との対談も収録されています。

そして、本書はそのシリーズ第3弾です。

人生100年時代といわれ、80歳からの過ごし方を考える時代になっています。

わたしはいま40代ですが、子どものころ、現在の自分を想像することはまったくできませんでした。同じように、80代になった自分もほとんど想像できません。年をとれば身体のあちらこちらに何らかの不具合はあるかもしれません。しかし、社会生活を送るのに十分な健やかさがあるならば、80歳からの人生をどのように過ごすかは、人生における大きなテーマになるはずです。

その一方で、いつのころからか「老害」という言葉を頻繁に耳にするようになりました。『広辞苑』によれば、老害とは「硬直した考え方の高齢者が影響力を持ち続け、組織の活力が失われること」とあります。たしかにそういう人たちもいるでしょう。しかし、高齢でありながら社会で活躍している人たちすべてを「老害」と決めつけるのは乱暴な話です。

わたしが知る80代・90代の人生の大先輩は、社会生活において、いまでも多くの人たちから必要とされています。とても活き活きとして魅力的であり、「若さとは年齢ではない」ことを証明しておられます。どうしたら自分もあのようになれるだろうか。身体が健康というだけでは決して得られない「何か」が、そこにはあるのではないか。そう考えずにはいられません。

たとえば「六十の手習い」という言葉があります。60歳になって勉強や稽古事を始めることを晩学のたとえとした言い回しです。一般的に、人間は年齢とともに経験値が増える一方、一度身につけた考え方ややり方から離れられなくなるものです。60歳になって新しいことを始めるのも、そういった硬直化を避ける知恵なのでしょう。

日本の大手芸能プロダクション「株式会社ホリプロ」の創業者である堀威夫《ほりたけお》さんが、心身統一合氣道の稽古を始められたのは80歳のときです。それ以前から、先代の藤平光一に「氣」を学び、ホリプロの社員研修にも取り入れておられましたが、80歳にして、改めて道場に通われるようになったのです。

堀さんの言葉をお借りすれば、それまでは「読み切り小説風に学んでいた」ことを、「連載小説風に継続して学びたい」と思われたそうです。心身統一合氣道は、無理のない自然な動きを基本としているため、年齢や男女に関係なく学ぶことができます。とはいえ、80歳で新しいことを始めることの意味を、このときのわたしはまだ本当には理解できていませんでした。

堀さんは現在、ホリプロのファウンダー最高顧問というお立場です。会社経営からは完全に退いておられますが、まだ数多くの重要な事業に関わっていらっしゃいます。日々忙しく過ごされているにもかかわらず、よほどのことがない限り、稽古はいまも毎週欠かしません。現在は86歳、もう6年もこの道場通いは続いています。

そんな堀威夫さんとの対談を通じて、これまでと違った角度から「氣」の理解を深めることが本書の目的です。


本書は全4章で構成され、第2章と第4章が堀さんとの対談となっています。

第1章では「経営者・リーダーが学ぶ『氣』」として、堀さんが心身統一合氣道の稽古を通じて学ばれている「氣」について、その基本をお伝えします。

第2章では「長い人生を『氣を切らず』に生きる」として、人生100年時代の充実した過ごし方、迎え方について堀さんにお尋ねしています。

第3章では「道場で何を学び、身につけるのか」として、堀さんが道場でどのような稽古をしているか、ある日の稽古風景を紹介しています。

第4章では「人をみる、人をつくる」として、堀さんの人の見方や人材育成、さらには人生観についてお尋ねしています。

「氣」は、特別な人だけが持つ特別な力ではありません。誰もが持っていて、誰もが活用できるものです。だからこそ、難解な表現は極力避けて、初めて「氣」に触れる方にもわかるように簡素にまとめることに努めました。

なお、わたしは心身統一合氣道の継承者ですから、合気道全般を語る立場にはありません。本書の内容はすべて心身統一合氣道に基づいたものです。また、藤平光一はわたしの師匠であり、本来であれば敬称を用いるべきですが、読みやすさを考慮して本書では敬称を省略しています。

心身統一合氣道では、一般的な表記の「気」ではなく「氣」を用います。つかい分けによる混乱を防ぐために、本書では「氣」の文字で表記を統一しています。

本書が少しでもお役に立てば幸せです。

２０１９年４月

心身統一合氣道会 会長　藤平信一

もくじ

はじめに　2

第1章　経営者・リーダーが学ぶ「氣」……13

「氣」とは何か
プラスの「氣」
「氣」「心」「身体」
氣が滞ると心をつかえなくなる
氣が滞りにくい人の特徴
「氣が切れる」と不調が生じる
音楽においても「氣が切れない」ことが大切
「氣が通る」とは何か

第2章　対談①　長い人生を「氣を切らず」に生きる……47
人生100年時代を生きる
創業者という立ち位置
長い人生を二度、三度楽しむという発想
人生は多毛作
ロカビリースター、守屋浩を見出したマーケット・リサーチ
成功から得られるものはほとんどない
偶然によって導かれた少年期
思い上がりにもポジティブな要素がある
稽古のときは何も考えていない
「色氣」とは何か
夜のクラブで学んだ「いい加減」
真面目とクソ真面目
色氣は培うことができるか
80歳からの心身統一合氣道
人生に句読点を打つ

第3章　道場で何を学び、身につけるのか……105
一番町の道場
心の状態は身体の状態に表れる
依存と信頼
静止と停止
相手の立場に立つ
小指が持つ力
受身を身につけて「身を護る」
筋肉を保つ
「行き先」が一致しているか
「タイミング」と「間」
ゴルフに活かす
第4章　対談②　人をみる、人をつくる……147
『スター誕生！』は若手社員を育てる場だった
人をみる目

凡人の上限は2割5分
マネージャーは「自分をつくり、人をつくる」仕事
言葉ではなく、生き様、背中で教える
エンターテインメント業界の未来のために
「人氣」を生み出すシンプルワード「いい顔つくろう」
人間の味わいをつくる「隠し味」
お天道さまはみている
稽古の魅力は「自然体」にある
勝負どころを感じる力は鍛えられる
サミュエル・ウルマン『青春』の素晴らしさ
時間との付き合い方

おわりに　205

第1章

経営者・リーダーが学ぶ「氣」

「氣」とは何か

日本語には「氣」という文字の入る言葉がたくさんあります。

「氣が良い」「氣が強い」「氣が利く」など日常的につかわれる言葉だけでも、その用例はさまざまです。これほど日本人にとって馴染みの深い言葉なのですが、改めて「氣とは何か」と聞かれたら、実際のところはよくわからないと感じる方も多いのではないでしょうか。

「氣」を、特別な人が持つ特別な力だと考える人もいるかもしれません。

しかし、本書で述べる氣はそうではありません。氣は誰もが持っていて、誰もが活用できるものです。心身統一合氣道の目的は、稽古を通じて氣を学び、それを日常に活かすことにあります。その結果、心も身体も強くなっていきます。堀さんを始めとする経営者やリーダーのみなさんが学びに来られているのはこの氣です。

わたしたちは大自然の一部であり、「氣」を通じてつながっています。大自然と自分自身とが氣でつながっている状態を「氣が通《かよ》っている」といいます。そのつながりが失われている状態を「氣が滞《とどこお》っている」といいます。

中国でいわれる「気」は、多くの場合、バッテリーのように「蓄えて消費するもの」と捉えられています。つまり「気」はつかえばつかうほど減っていくのです。これに対して本書で述べる「氣」は違います。こちらは「氣を出すことによって、新たな氣が入ってくる」という性質を持っています。つまり、「氣が通っている」ことがもっとも重要なのです。

では、氣とは何なのでしょう。

先代の藤平光一は「氣とは、海のなかで水を手で囲うようなもの」と説きました。

海中に自分の手を入れ、両手で水を囲うとします。自分の手で囲っているのですから、手のなかにある水は「自分の水」といってもいいでしょう。しかし、実際にはそれは海の水であり、海水のごく一部を自分の手で囲っているに過ぎません。また「手のなかの水」と「手の外の水」が自由に行き来していれば、手のなかの水が悪くなることはありませんが、その行き来がなくなると手のなかの水は淀んでいきます。

「氣」もこれと同じです。大自然の氣を「わたし」という存在が囲っています。また「自分のなかにある氣」と「大自然の氣」が自由に行き来している、つまり氣が通っていれば、氣が悪くなることはありません。しかし行き来がなくなれば、氣は滞り、心身ともにさまざまな不調を引き起こすのです。

氣が滞る最大の原因は「個としての孤立」です。

わたしたちは大自然の一部の存在であるはずなのに、自分一人だけの存在に陥ってしまうことがあります。手で囲う海の水を「自分の水」と思い込むのと同じです。そうすると、周囲とのつながりを忘れ、自分本位の狭い範囲しかみえなくなってしまいます。

この最たる例が「自分だけ良ければいい」という考えです。

家のなかにたまったゴミを片付けるとしましょう。ゴミを家の外に放り出せば、たしかに家のなかはきれいになるかもしれません。しかし、家の外を汚せば、いずれ自分に返ってきます。目の前のことしかみえていないと、わたしたちは往々にしてこういうことをするものです。社会の一員として生活しているわけですから、社会全体が良くなるように考え、行動するのはごく自然のことです。

地域の水源を思い浮かべてください。

その水源から流れてくる水を利用しているのは、地域で生活するすべての人々です。水源は共有のものであり、自分だけのものではありません。もし水源を汚染すれば、自分にその害が返ってくるでしょう。しかし、身のまわりしかみえていないと、水源の存在を忘れてしまい、環境を汚染していても氣にならなくなるのです。

「氣」はもともと大自然の氣であり、その氣が自分自身と行き来しています。

つまり、環境を悪くすれば、それはいずれ自分に返ってくるのです。もし、マイナスの氣を発すれば、その分だけまわりの環境もマイナスになります。そして、その環境からまた自分がマイナスの影響を受けるわけです。「氣」には形がなく、直接みたり触れたりすることができないので、つい存在を忘れてしまいやすいのでしょう。

自分がお客であることをいいことに、店員さんに横暴な態度をとる人をみかけることがあります。「何をしても許される」とばかりに感情をぶつけている。それによって、その人はいっとき氣持ちが晴れるのかもしれません。しかし、自分が発したマイナスの氣が消えることはありません。その氣は相手に影響を与え、さらにその先の誰かにも影響を与えるものです。その先に、その先にと進み、社会全体に影響が及び、最初にマイナスの氣を発した人にも返っていくのです。

さらにいえば、こうしたマイナスの氣をもっとも受けやすいのは立場の弱い人です。いちばん影響にさらされるのは小さな子どもたちかもしれません。

マイナスの氣を世の中に発することとは、水源を汚染するのと同じです。水源を自《みずか》ら汚しておいて、自分だけは綺麗な水を得ようとする。そう考えること自体に無理があるのです。

逆に、プラスの氣を発していれば、その氣もまわりに伝わっていきます。

「一灯よく万灯に火を点じ伝えるごとく」という言葉があります。一本のロウソクの灯があれば、それが伝わっていき、万灯をともすことになるという意味です。一人一人が発するプラスの氣が、プラスの世の中をつくる原動力になるのです。

プラスの「氣」

プラスの氣、マイナスの氣と書きましたが、じつは「氣」そのものにプラス・マイナスはありません。

プラス・マイナスがあるのは、わたしたちの心です。心の状態は氣を通じて伝わるので、それをプラスの氣・マイナスの氣と表現しています。ですから厳密にいえば、マイナスの氣が出ているとき、心の状態がマイナスなのです。

マイナスの心とは、どういう状態でしょうか。

人をうらやむ心、人を憎む心、人を見下す心、怒り、恨みなど、これらはマイナスの心の一つです。そういう心を抱いたときは、必ず、身体も影響を受けています。

マイナスの影響を与えるのは、これだけではありません。世の中にはマイナスの材料が数多くあります。たとえばテレビや新聞、インターネットにはマイナスのニュースが溢れています。現代を生きるわたしたちは、こうしたものに日々、身をさらしているのです。少しでも油断すれば、たちまち、マイナスに引き込まれてしまうでしょう。そのような時代に、自分の心の状態が原因で招いた結果を、人のせい、社会のせいにしていては何も解決できません。

もちろん、人間がこういったマイナスの感情を抱かなくなることはありません。それは避けようのないことです。しかし、ひとたび生じた感情をどのように処するかは選択できます。つまり、そのままマイナスの氣として発するのか、プラスの氣に転じて発するのかは、選ぶことができるのです。

これは、表面的にプラスに振る舞ったり、無理にプラスを装ったりするのとはまるで違います。そんなことをしても意味はありません。体質改善という考え方があるように、「氣質改善」をすることが重要です。具体的には、普段、自分が何氣なく用いている言葉、何氣なくしている態度にできるだけ注意を向けるようにして、プラスの言葉・態度を選択するよう習慣づけていく。そうすることで、氣質は改善していきます。

このとき、よくある間違いは「プラスは正しく、マイナスは誤り」と捉えてしまうことです。物事の捉え方は相対的なものですから、どちらか一方だけが正しいとはいえません。

藤平光一はこう説いています。

「北に行きたければ北を目指して歩みなさい。南に行きたければ南を目指して歩みなさい」

つまり、プラスの人生を望むのであれば、プラスの氣を発することが正しい歩みなのです。マイナスが誤りなのではなく、プラスの人生を望んでいるのに、マイナスな氣を発しているのが誤りなのです。

また、自らプラスの氣を発していると、同じくプラスの氣を発している人と縁ができます。マイナスの氣を発していると、同じくマイナスの氣を発している人と縁ができます。運は人が運んでくるものですから、プラスの氣がプラスの運勢を呼び寄せるのです。

ですから、何か一つのことを成功に導きたいのであれば、知識や技術を学ぶこと以上に、常にプラスの氣を発することが重要です。これは心身統一合氣道の稽古で訓練することができます。

その一例が会社経営です。会社のような組織には、常に何らかの課題があるものです。ときにはたいへんな逆境に直面することもあるでしょう。そんなときにプラスの氣を発し続けることはたいへん重要です。そのために多くの経営者の方々が稽古に通ってこられます。

ある日、こんな出来事がありました。

稽古に来たある経営者の方が、誰がみても明らかなほどマイナスの氣を発していたのです。会社でよほどたいへんなことがあったのかもしれません。その状態で稽古していると、技はほとんど上手くいきません。いままでは簡単にできていた技でさえ、まるでできないのです。しかし、道場はプラスの氣を発するみなさんの集まりですから、しばらく一緒に稽古するうちに、その方も徐々にプラスの氣を発するようになり、最後には技も上手くいくようになりました。

このように道場はプラスの氣を確認する大事な「場」でもあるのです。

「氣」「心」「身体」

身体には形がありますが、心には形がありません。そのため、心の状態を正しく知ることは昔から難事中の難事とされてきました。

しかし「心が身体を動かす」ということを正しく理解していれば、身体の状態を通して心の状態を知ることができます。

技の稽古で相手を投げるとき、多くの人は力んでしまうものです。

力みは身体の状態ですが、それは心の状態から生じています。「相手を投げよう」「相手を自分の思い通りに動かそう」と考えることで心が緊張し、それが身体を緊張させるのです。しかし、ほとんどの人は、自分がそういう心のつかい方をしていたという自覚がありません。ここが面白いところです。

つまり、自分では認識していないことも、わたしたちの身体には正直に表れているのです。言葉では「そんなつもりはない」とごまかすことができても、身体はごまかせません。

「身体の状態を通して心の状態を知ることができる」というのは、そういう意味です。これは心身統一合氣道の稽古の特長といって良いでしょう。

わたしたちの身体は計り知れない知恵を持っています。意識がうわずると姿勢はすぐに乱れますし、臍下《せいか》の一点《いってん》（下腹で力の入らない無限小の一点）に心が静まっていれば姿勢は乱れません。誰しも、生まれながらにしてこうした知恵を備えた、大切な身体を授かっているのです。

これが心と身体の関係です。

それでは、氣と心はどのような関係にあるでしょうか。

心の状態が伝わるのは、氣が通っているときです。

心でどれだけ強い思いを持っていても、氣が通っていなければ、相手にその思いが伝わることはないのです。

技の稽古で、相手が攻撃してくるときを例に挙げてみましょう。

相手の身体が動くのを目で見てから動けば、反応が遅れてしまい、まったく対応ができません。

ではどうすれば良いのか。身体が動く前には、必ず心が動きます。氣が通っていれば、その心の動きがよくわかります。ですから、心が動いた瞬間に反応できるので、適切な対応ができるというわけです。昔から「氣配」という言葉がありますが、これはこうした氣の働きを指したものといえます。

こうしたことは、稽古の場だけではなく、日常生活においてもよくみられます。

たとえば、いわれてから動く、つまり、誰かにいわれなければ動けない人。これは、相手の身体が動いてから反応する習慣がある人だといえます。氣が滞っているので、相手の心の動きがわからないのです。そのためどうしても反応が遅れてしまい、適切な対応ができません。もし氣が通っていれば、相手の心の動きがわかり、言葉でいわれる前に対応することができるでしょう。

みなさんは、レストランで注文したいときに、店員さんがなかなかこちらに氣がつかなかったという経験はありませんか。これも同じで、氣が滞っているときに生じる状況です。もし氣が通っていれば、お客さんの「注文したい」という心の動きが店員さんにもわかるので、適切な対応ができるでしょう。

このように「氣」「心」「身体」の関係を理解すれば、形のない「心」の動きを理解しやすくなります。

氣が滞ると心をつかえなくなる

氣と心の関係において、もう一つ重要なことがあります。

それは、氣が滞ると、心をつかえなくなるということです。

「何かに固執しているとき、それ以外のことに心をつかえなくなってしまった」という経験が、誰しも一度はあると思います。たとえば、悪口をいわれると、そのことが氣になって目の前のことに心が向かわなくなることがあります。こうしたことが起こるのは、氣が滞るためです。この例でいえば、悪口をいわれたことで、氣が滞り、心がつかえなくなってしまったといえるでしょう。この状態になると、いくら「心を前向きにつかおう」と思ってもできません。このようなときは、まず、氣の滞りを解消することが先決です。

氣の滞りの解消法は人の数だけあります。

いったんその場から離れることで解消する人もいれば、大自然のなかに身を置くことで解消する人もいます。氣の呼吸法で「呼吸を静める」のも身近な方法の一つでしょう。

いずれの場合も共通しているのは、無理に心をつかおうとはしないところです。心をつかえなくしている原因は氣の滞りであり、それを解消することが大切なのです。

氣の滞りには、ある性質があります。高速道路でときおり発生する何キロにも及ぶ自然渋滞が、始めは1台の自動車の急ブレーキから生じていることをご存知でしょうか。氣もこれと同じで、いきなり大きな滞りが生じるのではなく、始めはちょっとした滞りから始まるのです。

それは本当にちょっとしたものです。たとえば、朝、髪のセットが上手くいかなかった、ささいなことで家族とケンカをした、乗ろうと思っていた電車に乗り遅れた、やりたかったことができなかった、といったこと。こうした小さな出来事に固執することで、小さな氣の滞りが生まれます。そして、これが次の氣の滞りを導き寄せ、やがて大渋滞を引き起こすのです。この様子は、部屋の隅に落ちていたほんの小さなホコリが周囲のホコリを吸着し、雪だるま式に大きくなるのにも似ています。そして、いよいよ大きな氣の滞りになったところで、わたしたちはようやく「何をやっても心が向かない」と不調を自覚することになるのです。

ですから大切なのは、できるだけ小さな氣の滞りの段階で対処することです。

小さな氣の滞りを感じたら、すぐにこれをリセットする回路を自分のなかに設けるのが効果的です。これがあるだけで、大きな滞りを防ぐことができます。

藤平光一が教えた方法をご紹介しましょう。

フッと息を吐く。

これだけです。「本当にたったそれだけで良いのですか？」と思われてしまうのですが、実際にやってみるとたいへんな効果があります。「氣の滞りを吹き飛ばす」ようにおこなうのがコツです。これを実践しておられた一人が、現在、福岡ソフトバンクホークス会長の王貞治さんです。広岡達朗さん・王貞治さんとわたしの鼎談本『動じない。』（幻冬舎）では、王さんご本人が、現役時代にこれを実践していたことに触れておられます。

このように、大切なのは氣の滞りを生じさせないこと。そのためには、小さな滞りが生じた時点で吹き飛ばすのが効果的。もし氣の滞りが生じてしまったら、無理に心をつかうのではなく、氣の滞りを解消するようにすることが重要です。

氣が滞りにくい人の特徴

人の性質はさまざまですが、「氣が滞りにくい」人がいます。代表的な例を三つ紹介しましょう。

一つは「忘れる」人です。

良いことに対しても、悪いことに対しても、ひとたび通り過ぎたら心がそこに留まらないという意味の「忘れる」です。物忘れがひどいとか、記憶をなくしやすいという意味ではありません。

このような昔話があります。

あるお坊さんが弟子を伴って旅をしていたときのこと。峠の茶屋から団子を焼く香ばしい匂いが漂ってきました。師匠は「ああ、なんと美味《うま》そうな匂いだろう」とつぶやきます。それを聞いていた弟子は「師匠ともあろう方が、団子の匂いごときに心を奪われるとは何ということだ」と不審に思いました。しかし、弟子はそれを師匠に伝えることなく、二人は再び旅を続けます。弟子がこのことを尋ねたのは、いよいよ旅の終わりになったときのことでした。

「あのとき師匠は団子の匂いに心を奪われていました。あれはいかがなものでしょうか」

師匠はただ一言こう答えます。

「何だ、お前はいまもあの匂いを嗅いでいるのか」

おわかりでしょうか。師匠はその瞬間に感じたことを、そのまま表現しただけで、そこを過ぎたら忘れていたわけです。一方の弟子は、そこに固執した結果、旅の終わりまでその匂いから離れられなかったのです。

これこそ氣の滞りでしょう。

つまり「忘れる」ことができる人は、氣を滞らせない達人といってもいいかもしれません。本書の対談相手である堀威夫さんは、よく「自分は忘れっぽいから」と冗談っぽくいわれます。しかし、これはとても重要なことなのです。

もう一つは「受け入れる」人です。

自分にとって嫌なこと、都合が悪いことがあると、わたしたちはその原因となるものを切り離したくなるものです。たとえば、職場に嫌な人がいるとします。嫌な人とはできる限り関わりを持ちたくないので、意識的に関わりを断とうとします。この「意識的に」がくせ者で、そこに固執することで氣が滞るのです。すると、それまで以上にその人の一挙手一投足が氣になってしまい、余計に神経を煩わせることになってしまいます。思い当たる経験をお持ちの人は多いのではないでしょうか。

受け入れる人は、違います。同じ職場の人間である以上、まずは関係を受け入れ、そのうえで適切な距離を保つのです。こうすることで固執することはなくなり、氣も滞りません。

人間関係だけでなく、「恐怖」や「緊張」といった感情も同じです。

心の働きを自分から切り離し、つながりを断とうとする人がいます。しかし、こうした感情は自分の一部ですから、切り離すことはできません。それは自分の身体を切り離すのと同じことだからです。

上手な人は、恐怖や緊張を、あたかもお客さんを迎え入れるように受け入れます。無理につながりを断とうとせず、つながりを保った状態で心を静めるのです。こうすることで氣が滞らないようにできます。

最後の一つは「新鮮に感じる」人です。

過去の体験・経験はとても大切なものです。しかし、そこに固執して心が留まってしまうと、新しい体験や経験を新鮮に感じられなくなってしまうことがあります。これも氣の滞りの一つです。

藤平光一は80代になっても、あらゆる体験を新鮮に感じていたようです。たとえ前に聞いた話であっても、毎回、新たな発見があるような様子で耳を傾けていました。堀威夫さんも同じで、6年間も稽古に通っていれば、以前に学んだ内容もあるはずですが、「前にもやったことと同じでつまらないな」という素振りをみせることはありません。毎回、新鮮な氣持ちで新たな発見をしておられます。

「これは前に聞いた話だ」「これは前に学んだ内容だ」と捉え、新鮮に感じられないときは、すでに氣が滞っているのでしょう。

「氣が切れる」と不調が生じる

「氣が切れる」という現象があります。

道場においては、一つの技を終える瞬間に「それ」は訪れます。心のなかで無意識に「ここで終わり」と置いてしまうと、その瞬間に姿勢が乱れ、次の動きがまったく取れなくなってしまうのです。ですから、もしその瞬間に相手から攻撃されれば、まったく対応することができません。これでは、いざというときの役には立たないでしょう。これが「氣が切れる」ということの一例です。

一つの技の終わりは、次の技の始まりである。

一つの動作の終わりは、次の動作の始まりである。

心でそう捉えていれば、氣が切れることはありません。姿勢も乱れないので、次の行動を瞬時に取ることができます。

仕事をしている方で、「休みになると風邪をひく」という人は結構多いのではないでしょうか。せっかくもらった休日を、ただ寝込んでいるだけで終えてしまったという話もよく聞きます。疲労や寝不足から、まわりからうつされたからというものもあるので
しょうが、「氣が切れる」ことで生じているものも多いようです。

もともと、この大自然に「休みの日」という概念はありません。一日一日は本来、切
れ目なく連続して続くものです。人間が社会生活にメリハリをつける都合で決めている
だけです。ところが、わたしたちはつい「あとは金曜日さえ乗り切ればいい」といった
調子で、休みの日を終着点として設定してしまいます。すると「ここで終わり」という
心の切れ目が生まれ、氣が切れてしまうのです。これが、体調を崩すといったさまざま
な不具合を引き起こします。

では、どうしたら氣が切れないようにできるのでしょうか。

休日のケースでは、休みに入る前に、休み明けに最初に取り組むべき仕事を確認して
おくだけで良いのです。これをやっておけば、休みのあいだは仕事のことを忘れていた
としても、氣が切れることはありません。

一日の終わりも同じです。

ある日の終わりは、次の日の始まりです。お休みになる前に、次の日の予定を確認しておくことです。大切なのは、お休みになるときを終着点に設定しないことです。そこで氣が切れてしまうと、翌日の目覚めが悪くなったり、身体が重くなったりという不具合が生じるのです。

大きな目標を達成した直後も同様です。

受験に合格した。大会で優勝した。大きなプロジェクトが成功した。こうしたときが終着点となりやすく、無意識のうちに氣が切れるのです。

さまざまな動作や作業においても、氣が切れることがあります。

わたしでいえば、本の原稿を書いているときがそうです。

道場での指導や講演などの合間に執筆するため、書きかけの原稿を残して出かけます。いざ執筆を再開する時間を確保しても、続きを書き始めるためにたいへんなエネルギーを要するときがあります。この場合もどこから執筆を再開するかを確認しておけば、エネルギーロスなく書き始めることができます。

思い起こしてみれば、藤平光一は、原稿を書いている途中に電話がかかってきても、電話が終わった瞬間にすぐ原稿に戻ることができました。そこには氣を切らない工夫があったのでしょう。

大事なことは、心の中で終着点をつくらないことです。氣が切れなくなることで、心身両面の不具合を防ぐことができるのです。それが仕事や学業、スポーツなどにおける成功、ひいては健康長寿につながる秘訣ではないでしょうか。

音楽においても「氣が切れない」ことが大切

堀威夫さんはもともと音楽の世界でプレーヤーとしてキャリアをスタートしました。大学生のころから表舞台でプロのアーティストとして第一線で活躍し、その後、裏方にまわって現在のホリプロをつくられました。

音楽についてはまるで門外漢のわたしですが、子どものころに12年間ほど習い事でピアノに触れる機会がありました。藤平光一のお弟子さんにピアニストの方がおられた縁で、直に教えていただいたのです。いま考えるともったいないほどの先生で、わたしは不良生徒だったことでしょう。しかし当時先生に教わったことが、あれから20年くらい経ってようやく理解できるようになってきました。

まず「心を静める」ことの大切さです。

先生のレッスンでは、ピアノを前にして座り、最初に心を静めることを徹底して教えていただきました。「心が身体を動かす」のですから、心の状態が音にも影響するのは当然です。心の状態が乱れていれば、ピアノの音も乱れてしまいます。また、自分の奏でる音をきちんと聴くこともできません。

心が静まっているのを確認し、それでようやく鍵盤に触れることが許されます。この訓練のおかげで、何かをおこなうときに自分の心の状態をみる習慣ができました。

そして「氣が切れない」ことも教えていただきました。

一つの音の終わりは、次の音の始まりです。もし一つの音の終わりで氣が切れたら、旋律は乱れてしまいます。音の鳴っていない瞬間も氣が切れることはありません。その「間」も音楽の一部だからです。間についての感覚は、このレッスンで磨かれたと思います。曲の最後はとくに氣が切れやすいものですが、それだけで演奏が台無しになることもあるのです。わたしはどうやら氣が切れやすい性格だったようで、何度も何度も注意を受けたのを覚えています。そのおかげで、物事の終わりに氣が切れない習慣ができました。


さらに「無限小に静まる」ことも学びました。

一つの音は、ひとたび発せられると、無限小に静まっていきます。一言でいえば「静止状態」に帰するのです。静止は停止と似ていますが、まるで違います。停止はゼロに帰するものですが、静止は無限小に静まるものです。静止のない演奏は、落ち着きがなくうわずったものになります。一つの動作が静止することで、次の動作につながっていくのです。「静」から「動」が生まれ、「動」から「静」に戻っていく。この感覚は、氣が切れないことを土台として得られるものです。

当時、ある方が藤平光一に「後継者を育成するのに、なぜピアノを学ばせるのですか」と質問したそうです。たしかに、当然の疑問です。わたしもその意味がはっきりとわかるようになったのは、ずいぶん経ってからのことでした。

正面からみているだけではわからないことが、角度を変えることでわかったり、理解が深まったりすることがあります。わたしにそれを経験させたかったのでしょう。合氣道の稽古では「氣が切れない」ことを徹底して教えますが、ピアノという違う角度から同じことを学ばせた。そのおかげで、より深く理解できたのだと感謝しています。

間違えやすいのですが、これは「異なるものを自分なりに混ぜる」という意味ではありません。そういう姿勢では身につきません。一見して異なるものでも、共通する本質をみることで理解が深まり、身につくのです。音楽におけるわたしの先生は、この目的において最適の方であったのは間違いありません。

その後、長らくピアノの前に座ることはありませんでしたが、最近ときどき触れるようになりました。「氣が切れない」ことを訓練するためです。どなたかに聴いていただけるような腕前ではありませんが、心の状態が音の状態にすべて表れていることをその度に確認することができています。

堀さんに指導をさせていただいていると、音楽という土台が「氣」の理解を早めていると感じます。わたしたちの道場に多くの音楽家の方が足を運んでくださっているのもそのためかもしれません。

同じく道場には書家の方も多くおられます。書においても「氣が切れる」ということがあります。「ここで終わり」という心の切れ目をつくることで、一字一字で氣が切れたり、とめ・はね・はらいで氣が切れたりします。書家のみなさんからみれば、氣が切れている瞬間はすべて書に表れているのだそうです。

心身統一合氣道の技も、音楽も、書も、「氣が切れない」という観点ではすべて同じということです。

「氣が通る《とお》」とは何か

一日にすべきことがたくさんあるとしましょう。

わたしの場合、稽古や指導の他に、講演、面会・会食、会議・打ち合わせ、原稿執筆、スタッフとの日々のやり取りなどの用件が、同じ日のスケジュールにずらっと並んでいることがあります。一つ一つの仕事に心を向けるのは当然のことですが、すべきことが多いと、途中で氣が滞りやすくなります。すると、心の切り替えが曖昧になり、最初は100%であったパフォーマンスが80%、50%と徐々に落ちてしまうのです。すると、疲労もたまっていきます。

これを防ぐには、一つ一つの仕事に心を向ける前に、全体に氣が通る必要があります。
実際にわたしがやっているのは、すべきことを紙に書き出すことです。
必要に応じて、優先順位を決めることもあります。いずれにしても、全体に氣が通る状態にしてから、一つ一つの仕事に取りかかることが重要です。これさえしておけば、目の前の仕事をしているあいだは他の仕事のことは考えなくても構いません。氣が通っていれば、いまの仕事と次の仕事の心の切り替えが明確にできるからです。また、ある仕事をしている最中に、他の仕事の発想を得ることもあります。氣が通らないと、こういうことはありません。

わたしは、さらに1カ月、3カ月、6カ月という単位でも氣が通るようにしています。

毎月下旬になると、翌月1カ月分の予定を確認して、カレンダー式のホワイトボードにすべてマーカーで書き出します。30分ほどかかってしまうのですが、こうすることで氣が通り、さまざまな発想も得られるのです。これをせずに翌月を迎えると、月の前半はまだいいのですが、後半になると氣が切れてしまい、一つ一つの仕事のパフォーマンスが落ちてきます。

3カ月先、6カ月先については、スマートフォンを活用しています。その過程でさまざまな発想も得ています。

1年先は年間スケジュールの立案時に、3年以上先は中期計画・長期計画の立案時に、もっと長いスパンについてはビジョンを磨くことで氣が通るという具合です。

こういったことに時間を割くのを「忙しくてとてもそんな時間はとれない」「面倒だ」と感じる方もおられるかもしれません。しかし、氣が通ることなくただ日々をこなしてしまうと、パフォーマンスを維持することは難しいでしょう。それどころか「何のために自分はこれをしているのか」「自分はいまどこに向かっているのか」がわからなくなってしまったり、さらに「こんなことをしていて意味があるのだろうか」という疑問が生じたりします。むしろ猛烈に忙しい日々を送っておられる人にこそ、氣が通るように時間をとって準備することが大切なのです。

中期・長期についても氣が通ることは大切です。「そんな先のことなど、どうせわからない」とおっしゃる方もおられますが、これは3年先、5年先の予定を事細かに決めるという意味ではありません。そんなに先の予定を正確に決められないのは当然でしょう。ここで重要なのは、そのとき自分たちがどのような環境で、何をしているかに思いが至ることです。

近年では、企業の実績はもちろんのこと、大学のような研究機関においても、短いタイムスパンで評価されることが当たり前になっています。数カ月単位で技術が進歩するＩＴの分野ではなおさらでしょう。半年や1年、ときには四半期ごとに成果を測るのは、たしかにわかりやすいという利点があるのかもしれません。しかし、その結果、短いタイムスパンにしか氣が通らない人が増えているのではないでしょうか。短期的、部分的な判断で達成できるのはあくまでも部分最適であり、大きな成果が上がるはずもありません。長期的に広い視野で全体最適を目指すためにも、長いタイムスパンで氣が通る必要があります。

さらにいえば、人生そのものをタイムスパンと捉えたときに、どうしたら、その長い年月にわたって氣が通るかが重要になってきます。

次章からは堀威夫さんとの対談が始まります。

わたしが経営者・リーダークラスを始めたきっかけは、堀さんが「80歳になったので道場に通いたい」といわれたことでした。大手芸能プロダクションの創業者であり、経営者でありリーダーであった堀さんが「氣」というものをどのように捉えているのか。あるいは、物事をどのような見方で捉えているかを中心にお話をお聞きします。

第2章 対談①

長い人生を「氣を切らず」に生きる

堀 威夫

ほり・たけお

一般財団法人ホリプロ文化芸能財団理事長、
株式会社ホリプロ・ファウンダー最高顧問。

1932年神奈川県生まれ。明治大学商学部卒。大学入学直後から「ワゴン・マスターズ」に参加し、卒業後「堀威夫とスウィング・ウエスト」を結成してカントリー＆ウエスタンのミュージシャンとして活躍。1960年に現役を退き、堀プロダクション(のちのホリプロ)を設立。守屋浩、舟木一夫、和田アキ子、石川さゆり、森昌子、山口百恵ら数々のスターを発掘・育成。また全国を巡るタレントスカウトキャラバンを開催し、榊原郁恵、井森美幸、深田恭子らをスカウトした。音楽出版・著作権事業、映画製作、ミュージカル興行など、芸能が産業として社会的認知を受けるために尽力し、ホリプロの一部上場、日本経団連への加入も成し遂げた。著書に『わが人生のホリプロ　いつだって青春』（小学館文庫）がある。

人生100年時代を生きる

藤平信一（以下、藤平）　堀さんには、これまでも何度か対談をさせていただきました。本日は、改めてさまざまなテーマでお話をお聞きしたいと思います。

堀威夫（以下、堀）　嘘八百ばかりいうかもしれませんが、それでもよろしければ何でもお聞きください（笑）。

藤平　よろしくお願いします（笑）。

堀さんはいま、心身統一合氣道の稽古に通っておられます。同じクラスに通うイートアンド株式会社（大阪王将などを全国展開）の代表取締役会長の文野直樹さんは、堀さんに深い関心をお持ちのようです。文野さんは二代目ではありますが、堀さんと同じようにご自身で会社を上場し、人材を確保し育てて、60歳を前に社長職を後進に譲られました。会社の事業に終わりはないものの、文野さん個人としては「さてこれからどうしようか」を考えるようになり、堀さんをモデルとしておられるようです。

堀　そうなのですか。わたしなんて、何の参考にもなりませんよ（笑）。

藤平　いえいえ（笑）。この課題は、文野さんに限らず、これから多くの人々が直面するものだと思うのです。かつては「人生80年」といわれていましたが、いまや「人生100年」という時代を迎えようとしています。仮に70歳で第一線を引退したとしても、その先にまだ30年も人生は残っている。しかし、どうやって生きていくのかがみえない。ある大学教授の話によれば、その大学では65歳くらいで亡くなる教授が多いそうです。

堀　退官して氣が切れてしまうのでしょうかね。

藤平　堀さんは、かつてご自身の人生を「二毛作」と称していらっしゃいました。その区切りは、自《みず》ら《か》創業した「ホリプロ」の社長職を50歳で後進に譲った「前」と「後」だったのでしょうか。

堀　いいえ。人生の大きな区切りにしようと考えたのは60歳のときです。それほどストイックに考えていたわけではなく、「還暦」という言葉があるくらいですから「そういうのもいいだろう」と思っていました。ですから、50歳で社長を辞めたのはその手前の節目ですね。

藤平　そうだったのですね。

堀　60歳になろうというとき「これから20年をどうやっていくか」を考えました。当時はまだ「人生80年」という考えが一般的でしたから、80歳を一応のゴールラインと設定して「60歳からは違う自分になろう」と決めたのです。一つの人生で、二つ味わってやろうということですね。具体的に始めたことの一つが徒歩通勤です。クルマが迎えに来ない生活に変えた。さりとて、当時住んでいたのは世田谷で、会社は目黒。時間をかければ歩けるかもしれませんが、毎日はさすがに続かないだろうと思い、引っ越しをしました。

藤平　まずは環境を変えたのですね。

堀　そうです。「毎日、徒歩で通える距離」ということで、職場まで直線距離で1・5キロのところに引っ越しました。ところが、あるときお医者さんに「カロリーを燃焼しやすくするには2キロ歩くのがいい。あと500メートル足りませんでしたね」といわれた（笑）。本当かウソか知りませんけど、それで少し遠回りをすることにしたのです。だいたい2キロで、現在もこのルートで通勤を続けています。

藤平　60歳になってそれまで慣れ親しんだ環境から移るのはたいへんだったのではない

でしょうか。奥さまは何かおっしゃいませんでしたか。

堀　基本的にわたしは相談しませんから（笑）。

藤平　ああ……（笑）。

堀　世田谷に引っ越したときも同じです。当時、わたしは42歳でちょうど本厄。「そんなときに人生初めての家を建てるなんて」と女房は反対しました。でも、わたしは「そんなことは関係ないだろう」と考えるタイプなので、強行してしまったのです。ちなみに、その後、森昌子や山口百恵がスターになり、井上陽水のアルバム『氷の世界』が日本初の100万枚超えを達成したりして、住宅ローンはすぐに完済できました。

藤平　実際には、厄年ではなかったわけですね。

堀　ええ。ぜんぜん違いましたね。まあ、ラッキーだったのでしょう。

創業者という立ち位置

藤平　50歳で社長を退かれたあと、節目となる60歳まではどのように過ごされたのでしょうか。

堀　社長を退いてからも会長として残っていましたから、まだ現役に近かったのです。それまで自分が手がけてきたものはすべて新しい社長に引き継いだのですが、その代わり、新規事業は全部わたしがやることになりました。会長兼文化事業部長という立場になり、二人の部下を付けてもらって、三人で始めたのです。それがいま、演劇やミュージカルの企画制作、公演を実施する事業につながっています。

藤平　新規事業にはリスクがつきものですね。社長としてはなかなか取れないリスクを、事業部長としてならば積極的に取ることができたということでしょうか。

堀　そうですね。それとやはり、リスクを取れるのは創業者の特権だと思います。会社を引き継ぐ立場の二代目・三代目は、どうしてもリスクを取りにくい環境に置かれてしまうでしょう。悪氣はなくとも、そうなるものだと思います。

藤平　創業者だからこそ、堀さんはリスクを取れたということですか。

堀　ええ。これは能力の問題ではなく、立ち位置や環境の問題だと思います。まわりをみても、だいたい創業者は、せっかちで自分勝手な人が多いですから（笑）。経済人で集まって旅行することがあるのですが、創業者の多いメンバーだと、集合時間よりずいぶん早く集まります。遅れてくるのはたいていサラリーマンですよ。

藤平　そういうものなのですね。

堀　以前、創業者中心の財界人の集まりで中国に行ったことがあります。帰りに手違いがあって、空港行きのバスが来なかった。現地ではよくあることらしいんですが、予定の飛行機に乗れないのは困る。するとね、各自、何もいわずに代わりの移動手段をパッパッと手配し始めたのです。全員そうやって自分で解決して間に合わせた。おもしろいものですよ。

藤平　なるほど。創業者はすべてを自分で解決しなければいけないからですね。

先代の藤平光一にもそういうところがありました。どこに行くにも自分が先頭で歩く習慣があるので、あるときなど、行き先を知らずに先頭を歩いていたこともあったほどです。しばらくしてから振り返って、お供に「おい、これからどこに行くのか」と尋ねていました（笑）。

堀　ははは（笑）。せっかちは、創業者に共通する特徴だと思います。

藤平　そのせっかちの氣性も、堀さんは還暦を機会に変わったのでしょうか。

堀　「変わった」というか、「変えよう」と心に決めました。「せっかちではない自分にならなくちゃいけない」と。

藤平　それはどうしてですか。

堀　「違う自分になる」ことが、わたしの決めた60歳からのコンセプトだったからです。できるだけ対極にしていく。だから、変な話ですけれど服装もガラッと変えました。突然ニッカボッカをはいたりしましたね。いまは恥ずかしいからはきませんが（笑）。

藤平　仕事もお住まいも、服装も、そして氣性までも変えたわけですね。

堀　女房以外は全部変えました（笑）。

長い人生を二度、三度楽しむという発想

藤平　率直な疑問ですが、世の中の大半の人は「一度決めたことは変えたくない」と考えます。とくに、自分が慣れているやり方は、できるだけ変えずに済ませたいものだと思います。年齢を重ねれば重ねるほど、なおさら、その氣持ちは強まるものではないでしょうか。それなのに、堀さんは自らの意志で変えようとした。そのモチベーションはいったいどこから出てくるのでしょうか。

堀　「一粒で二度美味しい」というグリコアーモンドチョコレートの宣伝コピーではないですが、一生を二度味わえたら、こんなに良いことはないでしょう。新しいこと、自分が得意でないことに挑戦しているから20年間も「間がもつ」のです。

藤平　なるほど。それでも、変えることはたいへんではなかったですか。

堀　いちばん辛《つら》かったのは「今日から怒らない」と周囲に宣言したときですね。なにしろ、それまでは毎日怒鳴ってばかりでしたから（笑）。

藤平　たしかに、ホリプロの方にうかがうと、以前の堀さんはかなりの迫力だったとお

聞きします（笑）。

堀　そうでしょう。しかし「怒る」という感情表現は、自分自身にとってはストレス発散になるものの、コストパフォーマンスが非常に悪い。怒るためにはかなりのエネルギーが必要でしょう。若いうちはいいけれど、歳をとるにつれて、エネルギーが足りなくなってきて、怒るのがたいへんになってくる。そのうえ怒りには、相手に対する効果がほとんどありません。ともすれば、マイナスの結果を招くことさえある。常々そう感じていたので「こんなに効率の悪いことはない」と怒るのを止めることにしたのです。ただ、それまでの習慣を一変させるわけですから、半年間くらいは非常にキツかったですね。

藤平「人生を二度味わう」という発想そのものは、どこから出てきたのでしょうか。

堀　わたしは「一度決めたことは変えたくない」という価値観もわかるつもりです。それが間違いだとも思いません。でも、人生はどんどん長くなっているわけです。わたしが子どもだったころは「人生50年」なんて言葉がまだあったくらいで、還暦を迎えた人たちは文字通り「おじいさん」「おばあさん」で、縁側で居眠りしながら余生を過ごしているイメージでした。ところが、我々の世代が実際にその年齢になってみたら、ぜんぜん違っていた。自分も含めて、みんな本当にまだまだ元氣です。

藤平　必要があって生じた発想であったわけですね。

堀　ええ。後付けで「人生は二毛作だ」などといっています。

人生は多毛作

堀　ただ、わたしの場合、実際は二毛作どころか、三毛作だったのかもしれません。

藤平　80歳でまた新しい人生に変えたということでしょうか。

堀　いえ、もっと若いころに節目があったのです。わたしは芸能プロダクションの仕事を始める前、大学生時代からプロのミュージシャンとして10年間活動していました。だから、幼少期からそこまでが最初の人生で、まず一毛作。そこから裏方として二毛作に入って、60歳から三毛作を始めたという感覚なのです。

藤平　最初の大きな変化は、表舞台から裏方にまわったときだったのですね。

堀　ええ。いま振り返ってみれば大転換でした。

藤平　わたしは芸能界のことはまったくわからないのですが、表と裏ではまったく違う世界ではないでしょうか。

堀　たしかに、まるで違います。周囲には「清水の舞台から飛び降りるような転身ですね」という人さえいました。だけど、わたしの場合は、ミュージシャン時代からプレイングマネージャーもしていたので、まったく知らないわけではなかった。

藤平　舞台に上がりながら、マネージメントもしていたということですか。

堀　そうです。わたしがプロのミュージシャンになったのは、ワゴン・マスターズ［＊1］という、当時、非常に人氣のあったウエスタンバンドに参加したのが最初です。ワゴン・マスターズはメンバー全員が現役の大学生でありながら、同時にプロでもあるというグ

＊1　1954年、井原高忠らが結成。のちに〝和製プレスリー〟の異名をとった小坂一也が加入し、NHKへの出演、日本全国のジャズコンサートや進駐軍基地のクラブでの演奏で大人氣を博したバンド。

ループでした。いくつか独自のルールがあって、たとえばプロのマネージャーがいないので、仕事は月交代の当番制でメンバーがとってくる。また、大学を卒業したら辞めなくていけないという決まりもありました。それで1951年の終わりに、翌春卒業する成蹊大学の四年生の後釜として、わたしが入ったわけです。

藤平　はい。

堀　仕事をとってくる当番は、古参メンバーと若手がペアになるルールで、わたしがペアになったのは、当時バンドリーダーを務めていた慶應義塾大学の井原高忠さんでした。のちに開局する日本テレビで『巨泉×前武 ゲバゲバ90分!』や『シャボン玉ホリデー』といった名番組をつくった放送史に名を刻む名プロデューサーです。その井原さんとわたしのペアが良い仕事をいちばん多くとっていることがわかったので、やがて交代制はなくなり、マネージメントを兼務するようになりました。

藤平　ワゴン・マスターズ後も音楽活動はお続けになったのですね。

堀　ええ。ワゴン・マスターズを辞めてから、自分でバンドをつくりました。やがて『堀威夫とスウィング・ウエスト［*2］』というバンドを立ち上げたのですが、九人編成という大所帯で、誰からも成功するとは思ってもらえず、プロのマネージャーがつかなかった。仕方がないから、ここでも自分でマネージメントをしていたのです。

藤平　マネージメントや会社経営を専門的に勉強なさったことはないのですか？

堀　そういった勉強はしていませんね。でも、そもそもバンドのリーダーの役割にはマネージメントの要素がたくさん含まれています。ミュージシャン時代のとくに後半3年間は、仕事をとることから、機材の運搬手配、チケットの売り買いまでやる、プレイングマネージャーでした。

藤平　その経験によって、マネージメント能力が磨かれたわけですね。

堀　結果的にはそうなのでしょうね。ミュージシャンになった途端に、裏方の仕事も偶然めぐってきたわけですから。

＊2　1957年結成。結成1年弱で『ミュージック・ライフ』誌の人氣投票で第一位を獲得。カントリー&ウエスタンバンドとして人氣を博したのち、64年頃にエレキバンド化、67年にはグループ・サウンズのスタイルになり、70年に解散した。

藤平　まさに「めぐり合わせ」ですね。

堀　わたしの人生は「仕方がないからやる」の連続です（笑）。そのときはたいへんだったけれど、あとになればプラスになっていた。それだけの話で、自分で計画・立案して学んできたわけではありません。改めて考えると、「運」としかいいようがない。

藤平　堀さんのご著書『わが人生のホリプロ　いつだって青春』（小学館文庫）には、お子さんの誕生も裏方になるきっかけの一つだったと書かれています。

堀　はい。当時、わたしたちがやっていた音楽は、ルックスやファッションのカッコよさが重要で、所帯持ちで子持ちというのはマイナスでした。いつかは辞めるつもりでしたが、舞台の華やかさというのは麻薬のような魅力がある。だから、長男の誕生で踏ん切りがつきました。いまはそんなことはまったく関係ない時代なので、こういう時代が来るとわかっていたら辞められたかな、と思うことはありますね（笑）。

ロカビリースター、守屋浩を見出したマーケット・リサーチ

藤平　守屋浩さんという大スターを見出したのはそのころですね。

堀　守屋は、スウィング・ウエストの楽器を運ぶバンドボーイでした。それを歌い手に抜擢したわけです。

藤平　守屋さんのどのようなところをみて、抜擢したのですか？

堀　発端は、バンドのリードボーカルだった寺本圭一がバンドを離れなくてはならなくなったことです。大学に籍を置いたまま活動していたのですが、これ以上留年できなくなってしまった。それで、足が長く、スリムでスタイルがよかった守屋をテストしてみようと思ったのです。ただ当時、彼は楽器を弾けず、歌も歌えなかった。それで、地方公演のときに、メンバーの一人としてなんとなくギターを持たせて舞台に立たせてみた。すると、お客さんの反応がいい。客席の女性たちの多くがボーカルの寺本ではなく、たまにギターを鳴らすだけの守屋に注目していたのです。それからは毎晩、仕事のあとに我が家で歌のレッスンをしました。ですから、日劇ウエスタン・カーニバルで彼がデ

ビューしたとき、レパートリーはまだ三曲くらいしかなかった。

藤平 すごい裏話ですね（笑）。

堀 ほとんどインスタントみたいなものです（笑）。芸名も、そのころ人氣があった水原弘［＊3］、井上ひろし［＊4］に続く「ロカビリーの三人ひろし」という路線で「浩」にしてもらいました。いまほどお客さんの目は厳しくない時代でしたから、こんな乱暴なやり方でもなんとかなったのでしょうね。

藤平 抜擢する前に、「実際の舞台でテストする」という発想がすごいですね。

堀 メーカーが新商品を出すとき、最初は静岡限定で売って反応をみるというやり方がありますね。そういうテスト販売のイメージです。

藤平 まず仮説を立て、その仮説が正しいか検証したということですね。

堀 結果的には、いまでいうマーケット・リサーチをしたのでしょうね。ただ、実際にはそんなことは考えていませんでした。自分としては、必要に迫られただけ。抜けた穴をとにかく埋めなくてはいけない一心でしたから。

藤平 「絶対に売れる」と思って抜擢したわけではないのですね。

堀　「絶対に売れる」なんて確信は、本来持てるものではありません。ただ、当時のわたしはまだ20代後半でしたから「オレが手がければ売れる」と思い込んでいるところがありました。裏方になっても、しばらくのあいだは「歌の上手い下手は二の次だ。声さえ出ればいい。オレがやれば必ず売れる」というつもりでしたから、畏れを知らなかったのでしょう。若氣の至りですよ（笑）。

藤平　その後、テレビが普及して時代が大きく変わります。

堀　テレビは、スポーツ中継のような「生のもの」「今そこにあるもの」を伝えるにはもっとも有効で便利な手段です。他方で「作りもの」は伝えにくい。「作りもの」の度合が多くなるほど視聴率を取りにくくなるとわたしは考えています。

藤平　そうなのですね。

＊3　１９３５年生まれ。59年にデビュー曲の『黒い花びら』で第一回日本レコード大賞受賞、第10回紅白歌合戦に初出場。由美かおるとのアース製薬「ハイアース」ＣＭ出演や映画への出演も数多かった。42歳で死去。

＊4　１９３９年生まれ。ザ・ドリフターズのボーカル担当を務めたのち、59年に脱退しソロ活動を開始した。60年の『雨に咲く花』が１００万枚の大ヒットとなり、翌年の紅白出場も果たした。

堀　テレビ主導で世の中が動き始めてからは「スター」の持ち味が変わりました。映画を中心に動いていた時代と違い、「作りもの」の大スターではなく、となりの美代ちゃんのような「どこにもいそうでちょっと違う人」が求められるようになった。テレビにおいてはクラスの人氣者が良くて、ずば抜けてきれいな人は逆にあまり受けない。そう仮説を立てました。

藤平　それは大きな変化です。

堀　森昌子や山口百恵もデビュー当時は中学生で、スタジオに入るのは学校が終わってからです。「まず学校へ行かないとダメ、ズル休みをしたら仕事はとらないぞ」と脅かしてありました（笑）。スタジオに入るまでは制服で、衣装に着替えて、はじめてプロの歌手の仕事に入る。そうすることで、就学年齢であることがテレビを観ているお客さんにもわかる。料理でいう隠し味で「さっきまで制服を着ていた」というのが大事な要素になるのです。

藤平　なるほど。

堀　ひばりちゃん（注：美空ひばり）は、学校には通わず、家庭教師がついていました。ある日、デパートに行ってみたら売っている物の値段を知らなかった、というのが美談になった時代です。昌子や百恵の時代はまるで違います。値段を知らないと「あいつはバカだ」といわれてしまうかもしれない（笑）。そのくらい世の中で求められるものは変化するのです。

藤平　そういった「世の中の変化」を堀さんはどのようにキャッチしたのでしょうか。

堀　絶えず「仮説を立てて検証して、間違えたら修正していく」しかないと思います。トライアル&エラーですね。ですから仮説の立て方も大事で、上手に仮説を立てられる人は間違いも少なくて済みます。もし、仮説が違っていたら「なぜ間違えたのか」を徹底的に考える。仮説を立てられない人は、きっと変化をつかまえられないでしょう。

藤平　稽古と同じですね。いきなり正しいことを体得することはできません。まずは真似をして、トライアル&エラーを繰り返すことで身につきます。稽古における堀さんの学び方のルーツが少しわかった氣がいたします。

堀　本当に稽古で発揮できているのかどうか、自分ではわかりませんが（笑）。ただ、真似をするという点では、わたしたちは「盗み」に長けているとは思います。

人がやっていることをみて、良いところをどう盗むのかは大事な要素ではないでしょうか。プロの世界では「教える意思のある人から学ぶものはない」という教えもあるくらいですから、教える意思のない人からいかに学ぶかが、ものすごく大事だと思います。そういうセンサーさえ持っていれば、3歳の子からでも学ぶものがある。ボヤッと通り過ぎれば何も学べません。

成功から得られるものはほとんどない

藤平　堀さんのおっしゃる「若氣」は何歳くらいまで許されるものでしょうか。わたしは40代ですが、まだ若氣といえるでしょうか。

堀　「何歳までは若氣」と年齢で線を引くことはできない氣がしますね。たとえば「匠」の世界では、30代、40代でも若氣の至りといわれることがあるでしょう。もしかしたら50代になっても、大先輩からは「まだ若い」といわれるかもしれない。みる人の尺度、みられる人の素質、あるいは性格の問題も含めた非常に弾力的なものではないでしょうか。

藤平　そうすると、たとえ年齢が20代でも「もう変わりたくない」という姿勢であれば、若氣とはいえないわけですね。

堀　そもそも、若氣の至りか、そうでないのかは、自分ではわからないのではないですか。若氣のときはわからない。あとになって「ああ。若氣の至りだったな」と氣づくものだと思います。わたしの場合でいえば、お金があるわけではない、有力なコネがあるわけでもないのに、会社をつくっちゃった。当時は氣づいていませんでしたが、こんなこと、いまの自分にはできません（笑）。

藤平　経験や知識を積み重ねて、知ってしまったからこそ、できないこともある。

堀　「訳《わけ》知り」になったらできない。

藤平　「訳知り」ですか。

堀　そう。わたしにはもう若氣の至りはできません。うちの社員には「訳知りの業界人が、いちばんタチが悪い」と話しています。わかったようなことをいっていると、何もできなくなるからです。社員には、そうなって欲しくない。組織には、常に若氣の至りをやる人材がいないとダメだと思います。会社という組織が、新入社員を定期採用するのは、組織の老化を防ぐためなのでしょう。

藤平　なるほど。

堀　いつもいうのは「失敗からは得るものがたくさんある。しかし、成功から得られるものはほとんどない」ということです。成功は怖い。とくに成功体験は恐ろしい。慢心を生んだり、過去に縛られてワンパターンに陥ってしまったりする。だから失敗をしなくてはいけない。会社が潰れるような大失敗は困りますが、そうでなければ、どんどん失敗したほうがいい。「座標軸はいつもゼロに置け」といっています。

藤平「毎回、リセットしなさい」ということですね。だから、堀さんの会社には、常にチャレンジしていこうという雰囲氣があるのですね。

堀　そうあって欲しいとは思っていますが、実際はどうなのでしょう。会社の内側にいる自分にはわかりません。わたしの前では面従腹背しているだけかもしれませんし(笑)。

藤平　成功が怖いというお話は、稽古にも通じているように思います。いちばん悪いのは、一見上手くいってる状態。むしろ、なかなか上手くいかないときのほうが「どうしてなのだろう」と深く考え、多くを学び取ることができます。

堀　そうでしょうね。

藤平　堀さんは、一度みて、すぐできてしまうことが多いですが……。

堀　そうですかね。

藤平　そう思います。ただ、それで終わりではなく、まわりにいる上手くできない人の様子をじっとみて、「どうしてできないのか」を研究されていますね。

堀　たしかに、上手くできないことを試してみたり、相手にちょっと意地悪をしてみたりすることはありますね。これは親切のつもりでやっているのですけど（笑）。

藤平　堀さんは、稽古においてもそうやって毎回リセットしているのだと思います。技の習得でいちばん邪魔になるのは、上手くいったときの感覚です。一度上手くいってしまうと、その感覚をなぞってしまい、目の前のことに心をつかえなくなります。

堀　ああ、なるほど。

藤平　ですから、稽古においても「座標軸をいつもゼロに置く」ことは大切だと思います。上手くいったことを引きずらない。「今」に目を向ける。多くの人はこれができないわけですが、堀さんはどのように身につけたのでしょうか。

堀　そういう性格というか、脳みそのキャパシティが小さいのじゃないかな。どんどん忘れていかないと、次の情報が入らなくなっちゃう（笑）。

藤平　そんなことはないですよね（笑）。

堀　いえいえ、実際、記憶型の勉強は全然ダメ。学校でも、西暦何年に何が起こったかなんていう暗記問題はずっと苦手でした。海外で勉強していたら違ったのかな、なんて半分負け惜しみで考えることもあるくらいです。

偶然によって導かれた少年期

堀　そもそもわたしが生きてきたのは、教育の混乱期でしたからね。子どものころは横浜に住んでいたのですが、空襲の激しくなった1944年9月に、小学校単位で箱根の宮ノ下にあった奈良屋旅館というところへ集団疎開しました。六年生だったので、翌年の3月には卒業です。卒業式で「これからは町に帰り、お国のために尽くしなさい」といわれて、横浜に戻り、旧制中学に入学。パワハラのような軍事教練もやったのですが、8月には終戦を迎え、卒業したときは新制中学の第一期生でした。

藤平　終戦はどちらで迎えたのですか。

堀　横浜です。これがまた不思議な運で、横浜市中区滝之上という、我が家の近辺だけが焼け残っていた。その一角は西洋館の多いエリアだったので「米軍が占領後を考えてあえて残したのだろう」なんていう人もいましたね。変な話ですけど、我が家も当時から水洗便所だったのです。上に水のタンクがあって、レバーを引っ張ると落ちてくるという簡易的なものですが。

藤平　近代的な家にお住まいだったのですね。

堀　終戦直後は「鬼畜米英」という言葉がまだ生きていました。彼らが日本にやってきたら、どんなことをされるかわからない。それで占領に備えて、女性や子どもは再度疎開するよう、指示が出たのです。子どもかどうかの線引きは、小学生以下か中学生以上か。それで弟は疎開して、自分は残りました。

藤平　中学生男子が町でいちばん若い人になった。

堀　そうです。やがてアメリカ兵がやってきて、近所の西洋館が接収されました。まだ最高司令官のマッカーサーが来る前で、第8軍司令官アイケルバーガー中将という人が、うちの向かいに住むことになった。怖いものみたさで覗きにいきますよね。彼らにとっては敵地ですから、24時間、歩哨が立っている。母親は疎開するとき「アメリカ兵に何かもらっても絶対に食べてはいけないよ。毒が入っているかもしれないからね」といいましたけど、何しろお腹がすいていましたから、やっぱり食べます。それと、兵隊たちはタバコを三分の一くらい吸ったら、火がついたまんまポンポン捨ててしまう。町の最年少だったわたしたちは、これを拾って生意氣に吹かしたわけです。

藤平　そんな年齢でも、タバコをおいしく感じたのですか。

堀　いや、戦争中のタバコはたいへんな貴重品だったからだと思います。当時は配給制で、子どもたちはみんな父親のために配給の行列に並ぶのが仕事でした。そうしてやっと手に入れたタバコを、父親が、唇が焦げそうなくらい短くなるまで大切に吸う。そんな光景をみて育ちましたから、「タバコは貴重品」と刷り込まれていて、誰もがみんな「この機会に」と吸ったのです。というわけで、わたしは13歳でタバコを覚えて、20歳で止めました。

藤平　いまとは時代が違いますね。

堀　ええ。それを考えると、人生三毛作どころではないですね。何度味わっているかわからない。

藤平　学校教育も大きく変わったわけですね。

堀　はい。中学一年の途中から、新制中学です。浅野セメントの浅野総一郎氏が創始した学校（浅野学園）だったおかげか、鉄筋コンクリートの建物自体は残っていました。焼けてしまって扉や窓はないので、ベニヤ板を貼って再開。野球部だったのですが、入学当初は「ストライク」「ボール」というのは禁止で、「良し」「ダメ」といっていた。ところが8月15日を過ぎたら、今度は英語でいわなくちゃいけない。授業でも英語が急に始まったりして、面食らうことの連続でしたね。

藤平　社会全体の大転換ですね。

堀　振り返ってみると本当にそうです。生まれてから10代前半までは人間形成において教育の影響がとりわけ強い時期でしょう。わたしはその年代に、教育勅語を覚え、軍人勅諭も刷り込まれた。当然のように「一日も早くお国のために死ぬんだ」と思っていたし、「いちばん早く軍人になるにはどうしたらいいのだろう」と調べて、16歳になったらすぐ少年戦車兵に志願するつもりでした。ところが実際に14歳になってみると、アメリカ文化にどっぷり染まってギターを抱えていたわけですから、もう極端から極端ですよ（笑）。

藤平　本当ですね（笑）。

堀　あとから聞いたことですが、第8軍はテネシー州出身の軍人たちが多かったそうです。彼らが好むのはカントリー・ミュージックですから、これも偶然の一つだったのでしょう。そして、これも偶然なのですが、わたしはたまたまギターを持っていた。当時ヒットした近江俊郎さん〔＊5〕の『湯の町エレジー』に憧れて手に入れていたのです。

藤平　「偶然」によって導かれた。

堀　そう。どこを焼き残すかなんて決められないですからね（笑）。それでも、いまに比べると能天氣なものだったなと思います。そう考えると、わたしの性格には、ああいう時代を過ごした影響もあるのかもしれません。

思い上がりにもポジティブな要素がある

藤平　ミュージシャンからマネージメントの世界へ移ったときの話をさらに詳しくお尋ねしたいと思います。

堀さんは当時、立ち上げたばかりの事務所を「乗っ取り」のような形で奪われてしまったそうですね。守屋浩さんの名曲『僕は泣いちっち』が大ヒットし、さらに何人もの

＊5　1918年生まれ。48年、古賀政男作曲の『湯の町エレジー』が大ヒット。岡晴夫、田端義夫とともに「戦後三羽烏」と呼ばれるスターとなる。その後、俳優、映画監督、テレビの歌番組の審査員としても活躍した。

新人をデビューさせようとしていた矢先だった。本当に辛いご体験だったのではないでしょうか。ところが、ご著書によれば、そこからすぐに立ち直り、それが現在のホリプロとなっています。苦境を乗り越え、持ち直した原動力は何なのでしょうか。

堀　たしかに、あの晩は自宅の布団の上にあぐらをかいて、憤懣《ふんまん》やるかたない氣分で酒を飲んだことを覚えています。でも、翌朝にはもうケロッとしていました。

藤平　そうなのですか。

堀　ええ。翌日には、新しい事務所の場所探しを始めています。当時はまだ電話が貴重で、我が家にはなかった。守屋浩がすでに売れ始めていましたから、電話がないとスケジュール調整もできません。それで、電話付きのアパートを借りていた守屋のところに仮事務所を置いて「有限会社　堀プロダクション」を立ち上げた。これがホリプロのスタートです。

藤平　本当にすぐ行動を起こしたのですね。

堀　これはもう、わたしの物覚えの悪さゆえでしょう。なにしろ人の名前なんて全然覚えられないのですから。これでよく商売ができたなと自分でも思うくらいです（笑）。

藤平　……やはり、そこをもう少し詳しくお聞きしたいです。堀さんはひと言で「性格だ」とおっしゃいますが、多くの人はそんなに早く立ち直れません。トラウマになって人を信用できなくなるか、怒りや悔しさで心が支配されるかもしれません。本当に「性格」以外の要素はありませんか。

堀　どうなのかな。強いていうなら、「思い上がり」でしょうかね。

藤平　思い上がりですか。

堀　ええ。「必ずできる」と信じ込んでいた氣がします。いま考えれば、これも「若氣の至り」。この言葉は、日本語ではネガティブなニュアンスになってしまいますが、じつはものすごくポジティブなものを背中合わせに持っていると思うのです。若さゆえに発揮できる、火事場の馬鹿力のようなものがある。一定の年齢以上になって分別がつくと、想像することすらできない、ましてや実行なんてとてもできないようなパワー。もし失敗しても、若いうちなら再起するエネルギーも豊富にありますから、また挑戦できる。年をとってからの失敗はこたえますよ。世の中わかってしまっているから、余計にキツイ。

藤平　なるほど。物事を実行するためには、思い上がることも大事なのですね。
堀　できない理由をいっぱい見聞きしているから、できない。訳知りではないからこそ、できることがあるのだと思います。

稽古のときは何も考えていない

藤平　堀さんはいとも簡単に「性格です」とか「若氣の至りでしょう」といわれますが、わたしには物事のみえ方自体に違いがあるのではないかと思います。何度もお話したように、稽古で堀さんは他の方と明らかに違うところをみているように感じるのです。
堀　そうでしょうか。
藤平　たとえば、ある人が技の形や動きといった「形のあるもの」をみているときに、堀さんは技をしている人の心の状態とか、発している氣など「形のないもの」をみているように思うのです。

堀　自分ではわかりません。無意識ですから。

藤平　アスリートを指導していますと、捉えどころの非常にいい選手がいます。先日もその一人が稽古に来ていたのですが、自分がその技を「できる」のか「できない」のか、技をする前からわかっているようでした。氣が通っていたり、氣が滞《とどこお》っていたりするのを身体で感じとれているのではないかと思うのです。

堀　いやあ、わたしにはそこまでの感覚はないですね。ただ「これはやれそうもない」と思うことはほとんどないかな。

藤平　ああ、逆にそう感じるのですね。

堀　いつもなぜか「やれそう」という氣がします。やってみたら、実際にはできなかったりすることもありますが（笑）。でも「やれそうもないな」と思うことはほとんどありませんね。

藤平　稽古では具体的に「何」をみておられるのでしょうか。まず「これをやりましょう」と技をみせたうえで、氣に基づいて詳しく説明するわけですが……。

堀　「今日の稽古はそういう目的なのか」と思ったり、あとは「これは前にやったものだな」とか「初めてのものだな」とは考えたりしますが……。それだけですね。

藤平　それで一度みた技を、だいたい一度でできてしまうのですか。それは感度の良さとか、物覚えの良さとは別次元のもののようですね。

堀　そうですか。

藤平　じつはそこが、若手の指導者を育成していて、いちばんフラストレーションのたまるところなのです。いくらみせても、まるで違うところをみている。「そこじゃないよね」と辛抱強く何度もやるしかありません。その結果わかる人もいますし、それでもわからない人もいる。ですから、堀さんが何をみているのかは、わたしにとって最大の関心事なのです。

堀　申し訳ないですが、それはね、本当に自分ではわからないのです。もしかしたら、わからないままやっているのがいいのかもしれません。

藤平　足の動きや手の形を注意深くみているわけではないですよね。

堀　それは、そうですね。どちらかといえば、顔をみている氣がします。もちろん足の運びについて説明されているときは、そちらをみますけど……基本は顔かな。

藤平　顔ですか。それは相手が発している氣をみておられるのかもしれません。「技をかけよう」とする人の顔は、そういう氣を発しています。その氣をみているということはありませんか。
堀　どうなんでしょう。
藤平　稽古中は何も考えていないということですね。
堀　はい。
藤平　……。それはじつに素晴らしいことです。このテーマについては、のちほど、再度お話ししたいと思います。

「色氣」とは何か

藤平　もう一つお聞きしたかったことがあります。堀さんは、80代になられても男性としてたいへん魅力的です。言葉として相応しいかわかりませんが、堀さんに男性としての「色氣」を感じるという方が多いのですが……。

堀　もし、そんなものが出ているとしたら、わたしが未熟な証拠でしょう（笑）。

藤平　ごめんなさい。そういう意味ではないのですが……。先代についても「色氣のある人だった」という人たちがいます。とはいえ、わたしにとっては実の父でもあるので、色氣という視点でみたことはありません（笑）。

堀　それはそうでしょうね（笑）。

藤平　そもそも自分でいうのはおかしいですが、わたしはかなり真面目な性格です。ですが、この先さらに成長していくためには真面目だけでは足りないのではないか、もっと人間としての奥行きが必要ではないか、と考えるようになりました。堀さんのご著書には、銀座のクラブでいろいろなことを学ばれたことが記されています。これは、人間としての奥行きが広がったということでしょうか。こうして対談をさせていただくために、じつはこの数カ月、わたしも銀座のクラブに通ってみたのです。

堀　ああ、本当に真面目だ（笑）。真面目な人がクラブに行き始めると危ないのですよ。

藤平　え！　そうなのですか（笑）。

堀　ええ。両極端な二通りの結果になります。まったく行かなくなるか、ハマりすぎてお金や女性で破滅に近づくか、のどちらかです。そもそも勉強のためにクラブに行くという発想がダメだと思います。そういう発想で入ってくる客は、お店としてはおそらく×（ペケ）マークですから。

藤平　違う社会の匂いを持ち込んでしまうからですね。

堀　そうです。「郷にいったら郷に従え」ですよ。銀座のクラブに行くのなら、チョイ悪オヤジにならなくちゃいけません。チョイが大切で、本当に悪いオヤジになってもいけない。これは本を読んで学ぶことではないのでしょうね。自分で経験を積むしかないと思います。

藤平　堀さんにとって、クラブはどういう「場」だったのですか。

堀　氣分転換の場です。スイッチ・オンからオフにする。もちろんスケベ根性もあったでしょうね。蜜があればアリが寄っていくのと同じですから（笑）。

藤平　家庭に仕事を持ち込まない工夫でもあったのでしょうか。

堀　いや、会社が小さいうちは、必ずしも家庭でオフにはならないですから。

藤平　どういうことですか。

堀　会社の規模が小さいときは、どこにいても社長は仕事関係の連絡を受けなくてはいけません。会社組織がしっかりできてくると、そういう必要はなくなります。まあ、創業者には仕方のないことです。

藤平　つまり、純粋にご自身のための切り替えであったということですね。

堀　そうですね。

夜のクラブで学んだ「いい加減」

藤平　ご著書に、当時たいへん有名だった銀座の高級クラブ『姫』が出てきます。

堀　最初は小さなバーだったのです。ホリプロが有限会社としてスタートしたころ、すぐ近くにオープンしたので通うようになりました。ママと「どちらが先に日本一になるか」なんて半分冗談で、グラス片手に励まし合ったものです。そのママがやがて銀座にお店を構えるようになり、さらには直木賞作家、レコード大賞受賞の作詞家、山口洋子〔＊6〕になったわけです。

藤平　堀さんは会社経営が厳しいときにも、クラブには欠かさず通い続けていたそうですね。それはなぜでしょうか。

堀　惰性でしょう（笑）。

藤平　いや、真面目な話なのですが……（笑）、お目当ての女性がいたというわけではないのですね。

堀　わたしは、だいたいどこのクラブでもママのツケ勘定でしたよ。ママ相手なら、お店のなかでの競い合いに関わらずに済みますから。

藤平　なるほど。

堀　若いころは本当に毎晩通っていたから、ツケがたまることもありました。でも

＊6　1937年生まれ。東映ニューフェイス4期生に選ばれるが、女優業を断念し『姫』を開店。68年頃から作詞活動を始め『よこはま・たそがれ』ほかヒット曲を量産。80年代から小説執筆を開始し、85年直木賞受賞。

『姫』のママだった山口洋子はまったく催促しないのです。理由はわかりませんが、一度もなかった。彼女の「氣っ風」でしょうね。だから、こちらも払えるときは真っ先に『姫』の支払いを済ませるわけです。

藤平 キップですか。

堀 チケットの切符じゃないですよ（笑）。

藤平 ああ、「氣っ風がよかった」ということですね（笑）。失礼しました。

堀 阿吽《あうん》の呼吸といいますか、とくに確認もせずそういう関係になっていましたね。

藤平 そういう関係が築けたのは、堀さんがクラブでも自然体だったからではないでしょうか。わたしは、クラブという「場」に入る前に、一本、みえない線を引いて自分を保っているところがあります。道場では自然体を教えていますが、クラブではとうてい自然体とはいえません（笑）。

堀 きっと、いい加減が必要なのでしょうね。

藤平 いい加減ですか。

堀 いえ、「良い加減」の意味です。ちょっとイントネーションが違う（笑）。

藤平　料理における「さじ加減」と同じでしょうか。

堀　塩は多すぎても少なすぎてもダメでしょう。それと同じですよ。

藤平　その「良い加減」は、どうやって培われたのでしょう。

堀　まったくわかりません（笑）。先輩たちが飲んでいる雰囲氣、後ろ姿、あるいは誰かとの会話をみて、自分なりに覚えたのかもしれません。学ぶつもりは全然なかったのですから。

藤平　意識して学ぶものではないということですね。

堀　ええ。わたしがまだ27、28歳だったころ、銀座に『らどんな』という非常に古いクラブがありました。ホステスはいるけど、売りにはしていない。クラブというよりバーのような雰囲氣でした。ここのママが通称「上海お春」（注：瀬尾春さん）と呼ばれた銀座のママの大ボスのような方で、どういうわけか、ずいぶんかわいがってもらったのです。

まだ自分で支払いのできる立場ではありません。いつも浜口庫之助《くらのすけ》さん［＊7］のおごりでした。そんな若造に、お春さんは「堀さん。あの人をごらんなさい。ああいう遊び方をしちゃダメ」「あちらのお客さんみたいな遊び方をしなさいね」なんて、頼んだわけでもないのに教えてくれたのです。

藤平 若い堀さんに、きっと「何か」を感じておられたのでしょう。

堀 どうでしょう。理由はわかりませんが、不思議なくらいかわいがってもらったのはたしかです。そもそも普通の20代では出入りできない店でしたから。

藤平 大人の社交場だったのですね。

堀 中山素平さん〔＊8〕、今里広記さん〔＊9〕、五島昇さん〔＊10〕といった財界のトップが来るようなお店で、ある宮家の方もお客だったそうです。それに対して、こちらはまだ何者でもありません。ママが引き合わせてくれることもありましたが、あまりにも落差がありすぎて、まるで活かせませんでした（笑）。

藤平 ママがお客さん同士を引き合わせたということでしょうか。

堀 そんなことをしてくれたのは、お春ママだけです。親切心だったのだと思います。

藤平 遊び方についてはいかがでしたか。

堀 ママからみて「いいお客」「ダメな客」があったようです。それを惜しげもなくわたしに教えてくれました。

藤平　まさに、お店のトップシークレットですね（笑）。

堀　たしかに（笑）。ちゃんとお金を払っている客のことを「あれはダメ」なんて、ちょっと語弊がありますね。

藤平「ダメな遊び方」というのは、女性に対して性的に接したり、場をわきまえずに騒いだりすることですか。

堀　一概にはいえないでしょうが、お春ママの物差しでいえば「クソ真面目」な人もダメなのです。クラブは、昼間の仕事で張り詰めた緊張感を和らげる場所。そういうところにいるときは、適度な柔らかさと必要最小限の堅さを両立しないといけない。客の

＊7　1917年生まれ。ソングライターとして活躍後、作詞・作曲家に転身。『星のフラメンコ』『バラが咲いた』で第8回日本レコード大賞作曲賞を受賞。石原裕次郎の『恋の町札幌』ほかヒットメーカーとして名を馳せた。

＊8　1906年生まれの銀行家。旧日本興業銀行頭取、同会長などを歴任。「財界の鞍馬天狗」の異名をとった。

＊9　1907年生まれの実業家。経済同友会設立に参加、日本精工社長等の要職を務めた「財界官房長官」。

＊10　1916年生まれの実業家。東急電鉄社長および東急グループ各社の会長、日本商工会議所会頭も務めた。

立場からすれば、湯船につかって、筋肉をほぐすイメージでしょうか。あまり長く入っていると、湯あたりしちゃいますから「良い加減」が大事。

藤平　ああ。真面目過ぎる人はその加減を間違うのですね。

堀　そういうことです。ずっと風呂に入っていたらのぼせてしまうでしょう。あるいは「君子危うきに近寄らず」で、まったく風呂に入らなくなるか。その二通りになります。

藤平　ああ、さきほどの「良い加減」の話とつながりました。たしかに風呂に入るときは自然体ですね。「良い加減」のわからないお客さんに対して、お春ママはどのように対応されたのですか。

堀　清濁併せ呑む人でしたから、ちゃんと接客していましたよ。それでいて、ときどき、わたしの席に来て「堀さん、ああいう遊び方はダメ」と指南してくれました（笑）。

藤平　「良い加減」が大切なのは、クラブに限らず何事でも同じですね。

堀　そうですね。ただ、その塩梅というかほどあいが、クラブと外の世界では違う。昼には昼の、夜には夜の社会がある。それぞれに合う自分をつくれという意味じゃないかな。はっきりいわれたわけではありませんが、そういうことだと思っています。

真面目とクソ真面目

藤平　たいへん失礼ながら、堀さんも真面目なご性格だとお見受けします。そもそも真面目でない方がビジネスで成功することはありませんね。

堀　「真面目」にも二つあります。「真面目」と「クソ真面目」。わたしは、少なくともクソ真面目ではないつもりです。不真面目さも併せ持った真面目でありたいと常に思っています。

藤平　どういうことでしょうか。

堀　昔話になりますが、ハレー彗星が地球に接近した1986年に、経営者の仲間で集まってオーストラリアまで観測旅行に行ったことがあります。昼はゴルフをしたり、食事やお酒を楽しんだりして、夜は丘の上で星を見上げる氣楽な旅です。ある大企業の創業者が参加していたのですが、この人は、ご自分でも「クソがつくほど真面目なタイプ」と自認するほどの真面目人間。旅の道中、わたしはずっとくだらないダジャレばかりいっていたらしいのですが、この方はそれをみていて「自分にはああいうことができない。学ばなくてはいけない」と、帰国後に落語の本を大量に買い込んだのだそうです（笑）。

藤平　なるほど、そういう真面目さですね。

堀　発想は非常に真面目で理屈もわかる。わかるけど、そういうものじゃないですよね。おそらく本をいくら読んでも体得はできないでしょう。

藤平　その話からすると、わたしも少々あぶない氣がします（笑）。

堀　それは、わたしにはわかりません（笑）。ただ、真面目であることは基本ですから、あとは不真面目な要素を少しずつ取り入れればいいのではないでしょうか。そうすれば、人間としてのキャパシティが広がるかもしれません。南半球しか知らないで生きている人と、南半球、北半球両方を知って生きている人の差、といいますか。

藤平　深い話ですね……。

堀　たしかに、こういうテーマを言葉で表現するのは難しいですね。持って生まれた性格や育ってきた環境の影響も大きいのかもしれません。わたしは、たまたまいろんな人たちをそれなりにみてきた経験がある。そのおかげで、幸いにして人生踏み外さずに何とか終われそうというところです。

色氣は培うことができるか

藤平　話は戻りますが、「色氣」についてもう少し掘り下げさせてください。「色氣」は人が発している「氣」の一種だとお考えですか。

堀　うーん、少なくとも本人が自覚できるものではないと思います。先ほどもいったとおり、わたしは自分ではそんなものを発しているつもりはありません。

藤平　本人は意識していない。他方で、まわりは感じとる。

堀　そうかもしれません。そして、感じとれない人もいる。

藤平　感じとる人も、感じとれない人もいる。舞台に上がる俳優やタレントさんの場合、たくさんの人が色氣を感じると「人氣が出る」という関係はありませんか。

堀　たしかに「人氣」のなかには、色氣と重なる部分があるかもしれません。

藤平「色氣」は生まれつきの要素が大きいのでしょうか。

堀　どうなんでしょう。たしかに、若くして色氣のようなものを身につけている人はいますし、経験で培われる部分もある。何だか、禅問答みたいだな（笑）。

藤平　そもそも、この問い自体に誤りがあるでしょうか。

堀　後講釈になりますが、たとえば、うちの藤原竜也という俳優は15歳でデビューしたときから、そういうものを持っていたと思います。おそらく生来のものでしょう。でも、それが開花したのは、蜷川《になが》幸雄さんという演出家の存在があったからなのは間違いない。もともと2か3あったから、掛け算することでどんどん大きな答えが出たわけです。元がゼロならいくら掛け算してもゼロですから。

藤平　なるほど。

堀　エンターテインメントは、掛け算の世界です。足し算ではダメ。世の中は待ってくれません。色氣を含めた魅力を、どんどん掛け算していかないと間に合わない。

藤平　掛け算的に上っていける人がスターになるのですね。

堀　掛け算ですから、最初が1以下だと、コンマ以下になってしまうこともある。

藤平　そういう怖さもある。

堀　わたしの勝手な解釈ですけどね。

藤平　俳優さんの世界における「色氣」と、歌舞伎役者さんが発する色氣は、また異質なものですね。

堀　いわゆる女形は、歩き方や所作など、男性が女性になる訓練を徹底的にしているようにみえます。

藤平　宝塚はその逆でしょうか。いま、元トップスターで男役を務めた女優さんが稽古に来られています。日常の何氣ないしぐさに、男性であるわたしですら、あまりの格好よさに惚れ惚れしています。

堀　そうですか。ホリプロにも同じく宝塚の男役をしていた女優がいます。彼女は現役時代、ずっと男性の下着をつかっていて、退団後に初めて女性の下着売り場に行ったそうです。そのくらい徹底している。

藤平　そこまでするのですか。まさに「心が身体を動かす」ですね。そうした訓練のなかで色氣も培われるのでしょうか。

堀　どうなのでしょうね。発している本人にもおそらくわからない。誰かが感じとって「色氣があるね」といわれて、「そうかな」と、結果論でしかいえないものではないかと思います。いずれにしても、色氣を学問的に解明して、体系化することはできない氣がします。できるとしたら、本当の天才か頭のおかしい人だけ（笑）。

藤平　なるほど。よくわかりました。どうやらわたしは「色氣」というものに、こだわり過ぎていたようです（笑）。

80歳からの心身統一合氣道

藤平　話は変わりますが、堀さんが先代に初めてお会いになられたのは、いつごろだったのでしょう。

堀　初めてお会いしたのは、30年近く前、わたしがまだ50代だったときです。わたしと同い年の船井幸雄さんが「氣を知らずして21世紀のリーダーたり得ない」というセミナーを開いていて、興味を持ったのが最初です。藤平光一先生の存在を教えてもらい、栃木にある本部道場にいきました。そのとき、ホリプロの社員研修もお願いしたのです。

藤平　そうだったのですか。

堀　一度にできる上限が40人くらいだったので、参加者を選抜して、3日間の研修をしました。初日を終えて翌朝6時ごろ起きたら、何人か道場の周囲をランニングしている。誰かにいわれたわけでなく、自主的にやっているのです。「どうして走ってるんだ?」と聞いたら「なんだか高揚しちゃって」と笑っている。これは効果がありそうだと思いましたね（笑）。

藤平　さっそく「やる氣」になったのですね（笑）。

堀　研修が終わって会社に帰ったら、今度は参加しなかった社員から「わたしたちも社員研修に行きたい」と要望がきました。参加者から話を聞いたのでしょう。それまで、社員研修に呼ばれて不満をいう社員はいても、呼ばれなくて文句をいうなんてことはなかったから、びっくりしました。これをきっかけに、3年間、研修で指導していただきました。

藤平　そして80歳になられて、本格的に心身統一合氣道の稽古を始められたということですね。動機は何だったのでしょうか。

堀　目標がないと生きていられないからです。

藤平　それも「多毛作」の考え方ですか。

堀　まあ、そういうことですね。80歳をゴールだと思って生きてきたのに、もう終わってしまいましたから（笑）。この際に白状しますと、直接の動機は不純なものです。業界のゴルフコンペで80歳のお祝いスピーチをすることになり「死ぬまでにエージシュートをする」といってしまった。エージシュートは年齢以下の打数で1ラウンド回ることですから、どんなに上手くても若いうちは絶対にできません。これは年寄りだけの特権です。でも疲労回復が遅くなったり、ラウンドする機会が減ったりすることで、どんどん下手になってしまった。この老化を少しでも緩やかにしたいな、というのが稽古を再開した直接の理由です。

藤平　そうでしたか。ゴルフといえば、女子プロゴルファーの工藤遥加選手も堀さんと一緒に稽古していますね。

堀　良い着眼だと思いますね。ゴルフの技術ではないものを取り入れる視野も大事ではないでしょうか。

藤平　それこそプロですから、ゴルフの練習は一日しっかりしたうえで、さらに稽古に来ています。稽古をすればするほど、調子の良いときの感覚と一致したり、先輩プレーヤーからアドバイスされる内容とつながったりするそうです。

堀　「力を抜く」ことや「氣で持つ」ことなどは、ゴルフに直結していると思います。我々アマチュアとはまったくレベルが違うので、想像しかできませんが……。

藤平　堀さんが毎週、道場に通われるようになって、もうすぐ6年になろうとしていますが、ゴルフの調子はいかがですか。

堀　エージシュートはまだです（笑）。それでも、稽古を通じて毎回いろんなことに氣がつきますし、こうしてエンジョイしながら生きていられているのは、稽古のおかげが大きいかなと思います。

人生に句読点を打つ

藤平　堀さんは何か一つのことを始めると、長く続けられるそうですね。

堀　これも、持って生まれた性格でしょう。途中でやめると氣持ちが悪いのです。

藤平　転換点では思い切って大きく変える。そして、一度始めたことは長く続ける。これは人生100年時代を生きるうえでの知恵にみえます。

堀　文章に句読点があるのと同じで、人生にも句読点が必要だと思っているのです。句読点のない文章は、ダラダラとして読みにくいでしょう。人生もたぶん同じ。ただ、人生の句読点は、誰かにいわれて打つものではありません。ここで読点（、）を打とう、ここで句点（。）を打とうと、自分でやるものだと思っています。

藤平　一つのことを長く続けるということと、人生の途中に句読点を打つということ。この二つは堀さんのなかで矛盾しませんか。

堀　たしかに（笑）。でも、人生は矛盾の連続ですからね。そこは二刀流でいいと思っています。

藤平　不真面目も併せ持った真面目で、ということですね。

堀　そういうことです。何をするにしても、それが本当に必要なことなのかなんて最初はわかりません。でも結果的に、人生のマンネリ化は防いだと思っています。わたしは、マンネリになることを絶えず、恐れていますから。

藤平　マンネリに陥ると、自分では氣がつけないからでしょうか。

堀　たしかに、それは他人の物差しでしか評価できない部分ですね。「ずいぶん変わったね」「あまり変わっていないんじゃないの」とか評価はいろいろと出てくると思います。しかし、実際のところ、本当に変わったかどうかなんて誰にもわからないものでしょう。だからこそ、マンネリになることを恐れ、そうならないための方策をとっているわけです。

藤平　なるほど。自分が変わったかどうかなど、わからなくていいのですね。それが自然。頭で考えて無理にわかろうとすることこそ不自然ですね。環境だけ意識的に変えて、あとはあれこれ考えずに身を任せる。それこそ自然体なのでしょうか。

ふと、先代の言葉を思い出しました。「真理をみることのできる者を覚者《かくしゃ》といい、それが濁ると学者《がくしゃ》になる」と冗談交じりによくいっていたのです。学者の先生には怒られてしまいそうですが（笑）。

堀　それは面白い（笑）。

藤平　ただし、本当にいいたいのは「真の学者とは覚者である」ということです。頭でっかちになると濁ってみえなくなる。先代からそういわれ続けてきました。

技も同じで、考えながらやっているうちは本物ではないと教わりました。ですから、先ほど堀さんがおっしゃった「稽古中は何も考えていない」ということが、あるべき姿だと思うのです。

堀　本当に頭で考え込んだ瞬間にできなくなる。一生懸命学んでいるつもりですが、たぶん、これは無限大のものですね。おそらく、どこまで行ってもつかむことはできないのかなとも思います。

だからこそ、やり続けることが大切なのでしょう。それでいささか安心できるのかな。それが正直なところです。

第3章

道場で何を学び、身につけるのか

一番町の道場

心身統一合氣道の道場・教室は日本全国に約350カ所あります。先代の藤平光一の出身地である栃木県には520畳の大きな道場があります。

堀威夫さんが通っているのは、東京の千代田区一番町にある40畳ほどの小さな道場です。

同じクラスに通っているみなさんの多くは、堀さんのような経営者やリーダーの方々です。「技を覚えたい」というだけではなく、「心を強くしたい」「心のあり方を学びたい」という目的で来られるようです。このクラスでは土台となる「姿勢」や「呼吸」を確認したあと、ごく基本的な技の稽古を通じて、心と身体のつかい方を学びます。一つ一つの技には人世訓が含まれていますから、それを経営者やリーダーとしての仕事に活かしておられるのです。

基本となるのは姿勢です。自然な姿勢には、自然な安定があります。

人間の身体はよくできていて、自然な姿勢であればバランスがとれる仕組みになっています。言い換えれば、バランスが悪いということは、その姿勢は不自然だということです。

不自然の代表例が「力み」と「虚脱」です。

身体に余分な力が入ったり、虚脱状態になったりすると、人間が本来持っているバランスが乱れてしまいます。このとき、本人にその自覚はありません。そのため、道場では、まずバランスのチェックをおこないます。具体的には、わずかな力で押すのです。そうするとバランスが崩れていることを感じとれ、姿勢の不自然さに自覚が得られます。

この自然なバランスのチェックを「氣のテスト」と呼んでいます。

そもそも心身統一合氣道の技では、姿勢が乱れていると相手を投げることはできませんから、技の稽古を始める前には必ず氣のテストをおこないます。相手をどうするかではなく、まずは自分自身を整えるのです。

最初は、立ち姿から始めます。

ポイントは足先。足先まで氣が通《かよ》っていることがもっとも重要です。足先まで氣が通っていないと、姿勢はたいへん不安定になっています。たとえば、かかとに重みがいった結果、つま先が浮いてしまうのは、その典型例です。反対に、つま先立ちして、自然にバランスが取れているとき、足先までしっかり氣が通っています。その感覚を保ってかかとを下ろすと、立ち姿は盤石になるのです。

「老化は足から始まる」といいますが、厳密にいえば、足先から始まります。

足先の動きが悪くなると、ちょっとした段差につまずいてしまい、転倒することが多くなります。高齢者の場合、たった一度の転倒で、骨折、そして寝たきり生活になってしまうことも少なくありません。年齢を重ねれば重ねるほど足先は鍛えておく必要があるのです。

堀さんは、稽古前につま先立ちで歩くことを欠かしません。道場のなかを何周かまわられますが、たったこれだけで足先の健康は保たれます。健脚であることは血液の循環を良く保つうえで極めて重要であり、その原点となるのが足先なのです。

つま先立ちについての詳しい説明は『3秒「つま先立ち」で、疲れない体になる！』（主婦と生活社）という本でもご紹介していますので、興味のある方はご参照ください。

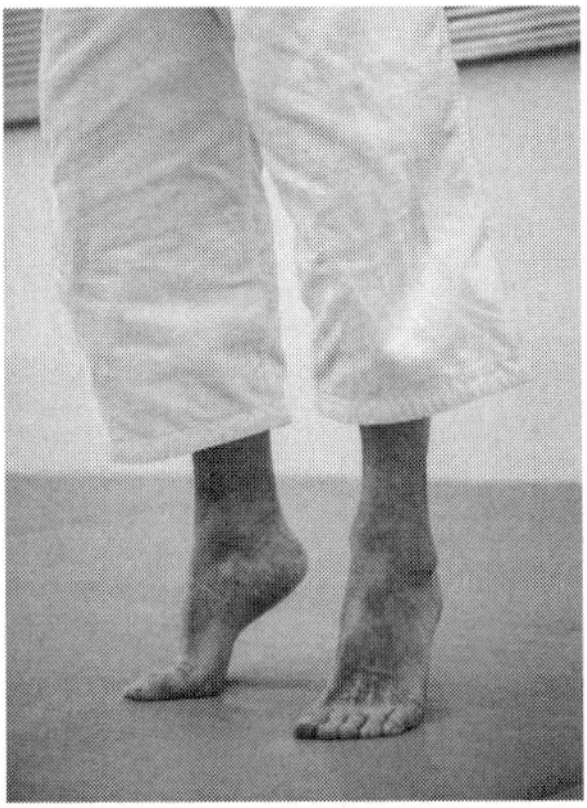

心の状態は身体の状態に表れる

姿勢にはもう一つ大事な要素があります。それは心の状態です。

落ち着いているとき、心が静まっているとき、わたしたちの意識は下腹のほうにあります。これに対して、意識が頭や上体にきてしまうことがあります。日本語では怒ることを「頭にくる」、緊張することを「上がる」といいますが、まさにそれです。

下腹のかなり下のほうに、力を入れようとしても入らない場所があります。その無限小の一点を「臍下《せいか》の一点《いってん》」といい、そこに心が静まっているのが本来です。似た言葉に「臍下丹田《たんでん》」がありますが、「田」は面積を意味するといわれることから、丹田というときは下腹全体を指すことが多いようです。面積のない無限小の点である「臍下の一点」とは異なります。

臍下の一点が乱れ、意識が頭や上体のほうにきてしまうと、姿勢は乱れます。プレッシャーがかかる場面になると力を発揮できない人は、緊張によって意識が上がり、姿勢が乱れてしまうからだといえます。

第1章でもお伝えしたように、心の状態は身体の状態に常に影響を与えています。それは姿勢も同じです。意識一つで姿勢が整ったり乱れたりするのです。

臍下の一点に心が静まっているときは、自分のことも周囲のこともよくみえています。だから、正しい判断ができるのです。


稽古でよくおこなう技に「呼吸動作」というものがあります。

まず、二人が静坐《せいざ》で向かい合い、一方がもう一方の手首を力いっぱい持ちます。次に、手首を持たせた人が相手を投げるのですが、投げる人が「相手を投げよう」とすると、意識がうわずってしまい、力みで相手を投げることができません。反対に、臍下の一点に心を静め、「相手と一緒に動く」という心の状態になると、相手とぶつかることなく楽に導き投げることができます。

稽古では、屈強な若い人ほど、年配の人にまったく歯が立たないという場面をよくみかけます。肉体的に強いと、どうしても力ずくで投げたくなるようです。一般的にスポーツでは年を経るほどパフォーマンスは低下するものですが、その逆の現象が起こるのも、心身統一合氣道の特徴の一つでしょう。

NHK総合テレビ『助けて！きわめびと』という番組に、あるご縁で出演させていただいたことがあります。3日間の合宿を通じて、自己主張が強く衝突してしまう女性芸人三人組の問題解決をはかるという企画です。たいへん難しいものでしたが、シナリオのない真剣な企画でしたので、お引き受けしました。

合宿の初日、基本的な姿勢の確認後に呼吸動作をしてもらいました。

「相手を変えよう」という心のつかい方は、「相手を投げよう」という心のつかい方にとてもよく似ています。実際、この段階では相手を投げようとしても、まったくできませんでした。三人とも意識が上がってしまい、相手のことを何一つ理解できていない状態だったのです。

しかし、合宿の最終日、あるきっかけで、できるようになりました。本人たちのなかで何かが変化したのでしょう。わたしから「何が変わったのですか」と尋ねてみると、答えは心の状態の変化でした。それまでは相手のことを倒すべき「敵」のように感じていた。でも、もともとは一緒に歩んでいる「仲間」であることにふと氣がついた。その瞬間に心が静まって、相手のことを理解するゆとりが生まれ、技も上手くいったようでした。わたしもホッとしました。

このように、心身統一合氣道の技には心の状態が表れます。経営者・リーダーが稽古に通うのは、自分自身の心の状態や心のつかい方を知るためでもあるのです。

依存と信頼

姿勢については、こんな稽古もあります。

まず、一人が「壁」の役割になって、もう一人がその壁に寄りかかります。このとき壁が急になくなるというものです。

実際にやってみればすぐにわかりますが、これが簡単ではないのです。壁に身を預け切っていると、壁がなくなった瞬間に自分の姿勢が崩れてしまいます。他方で、壁がなくなることを想定していると、今度は寄りかかることができません。

しかし、自分の姿勢が整った状態になってから始めることで問題はなくなります。しっかり寄りかかることができ、壁がなくなっても自分の姿勢が崩れることはありません。

この稽古は「依存」と「信頼」の理解につながっています。

自分の姿勢が整っていない状態で人に頼ると、それは「依存」になります。

これは、壁になってくれている人がいなければ立っていられない、あるいは、その人がいなくなったら自分がバランスを失ってしまう状態です。「自立ができていない」といってもいいでしょう。

相手からすれば、べったり身を預けられることになります。身体的にだけではなく、精神的にも重圧を感じてしまいます。日常生活において、人は相手に精神的な重さを感じると去っていくものです。

仕事でいえば、何でも人任せにする人がこれにあたります。それは依存の一種であり、周囲の人は重たく感じるものです。

また逆に、相手がいなくなることを想定して頼れないとしたら、それは人を「信頼していない」ということです。

信頼して任せることができなければ、何でも自分でやらなければいけません。自分一人の存在になっているといっていいでしょう。

相手からすれば、まったく頼られていないわけですから、自分はいてもいなくても良い存在だと感じるでしょう。この場合もまた、人は去っていくことになります。

仕事でいえば、何でも自分で抱え込む人です。それは信頼の欠如であり、周囲の人はさびしく感じるものです。

人を頼ることができるのは、自分という土台がしっかりしているからこそです。そうであれば、万一その人がいなくなったからといって、自分という土台が崩れることはありません。

これを「信頼」といいます。

頼りにされていることを実感できるから、人はそこで力を発揮しようとするのです。この稽古をしてみると「信頼する」ことがいかに難しいかを身体で感じとることができます。経営者・リーダーは日ごろ、人の登用で頭を悩ませているのでしょう。多くの方が唸《うな》ります。

静止と停止

道場では、相手に自分の手首を力いっぱい持たせる稽古をすることがあります。

持たれた人の心が乱れると、持たれた場所（この場合は手首）に氣が滞《とどこお》ってしまい、自由に動けなくなります。しかし、冷静になってみれば、持たれているのは手首だけであり、当然、手首以外は自由に動かせるはずです。それにもかかわらず、全身が動けなくなってしまうわけです。

これは、心が一つのことにとらわれてしまった結果、他のことに心をまったくつかえなくなる例です。

藤平光一は、これを「心の停止状態」と定義しました。

心の停止状態は、日常生活でも頻繁に生じています。

たとえば突発的なトラブルなど、自分が望まない出来事が生じたときです。それに心をとらわれてしまうと、他のことにまったく心が向かなくなります。本来すべきことに、心をつかえなくなってしまうのです。ふいに誰かからマイナスの感情をぶつけられて、一日中それが氣になり、何も手につかなくなったという経験はないでしょうか。それは、まさに心が停止したのです。

ひとたび心が停止すると、わたしたちは自分の心を自由につかえなくなります。この停止状態は珍しいことではなく、一日のなかで何度も陥るものです。さらに、自覚がないのでまったく氣がつきません。一度にたくさんの業務やトラブルが押し寄せて、何から手を付けていいかわからず、立ち止まってしまうのも、停止状態といえます。

心の停止状態の反対が「心の静止状態」です。

「静止」とは心が静まっていることで、一つのことにとらわれることなく、いつでも自由に心をつかえる状態を指します。厄介なことに「停止」と「静止」は一見、よく似ているので、みた目からはほとんど区別できません。そのため、稽古でその違いを感じとることが重要になるのです。

「手首をつかむ」稽古には続きがあります。

今度は、心が静まった状態で、相手に力いっぱい手首を持たせます。すると、手首に意識をとられることがなくなっているので、手首以外は、全身どこでも自由に動かせることが感覚的にわかります。すると、相手が力いっぱい持っていたとしても自由に動けるのです。

日常生活に置き換えれば、目の前の課題はすぐに解決できないにしても、他にできることはたくさんあるという状況でしょうか。できることからおこなえば、物事を前に進めることができます。しかし、困難に心が奪われてしまうと何一つ手につきません。

この稽古からわかるのは、心が静まった状態で物事にのぞむのがもっとも重要だということです。わたしも日々、自分の心の状態をみています。

心が静止状態にあると、手首を強くにぎられても、相手に「持たせている」という感覚になります。

心が停止状態にあると、相手に「持たれている」という感覚に陥ります。

「持たせる」と「持たれる」では、一字違いでも結果は大違いです。

人前に出るときの「みる」「みられる」も同じことです。心が静止状態だと「みる」ことができますが、停止状態だと「みられる」ことになってしまいます。人前に出るのが苦手という人は「みる」ことを訓練すれば、苦手意識を克服できます。

じつは経営者・リーダーでも人前に出るのが苦手という人は結構いるようです。このことをお伝えすると、とても喜ばれます。

相手の立場に立つ

技の稽古をしているとき、力任せになってしまう人がいます。

相手の心を尊重して「導いて投げる」ようにすれば最小の力で投げられるのですが、自分の思い通りに動かそうとするから余分な力が必要になるのです。相手の立場に立てば、相手にとって必要な力で動かすことができます。

これはコミュニケーションにおいても同じです。自分の思い通りに相手を動かそうとした結果、必要以上のことをしてしまったという経験を、誰しも一度はしているのではないでしょうか。

伝える情報量、伝え方の熱量、それぞれに「1」と「10」があるとします。

もし1を伝えて相手が理解できるのなら、10を伝える必要はありません。10を伝えて初めて相手が理解できるのならば、1では足りません。つまり1の相手には1、10の相手には10で伝えることが重要だといえます。

たとえば、伝える情報量で考えてみましょう。

いっぺんにたくさんのことを相手に伝えてしまう人がいます。しかし、人が一度に理解し、体得できる量にはそれぞれ上限があるものです。もし、上限を超えて伝えてしまえば、相手は飽和状態になってしまうでしょう。

これは、「自分が伝えたい」という氣持ちが強すぎて、「相手にどう伝わるか」という視点がないことから生じるものだといえます。話が長くなってしまう人も同様です。相手が集中して話を聞ける時間には上限があるのに、それ以上に長く話をして、相手の理解や意欲を散漫にしてしまっています。

伝え方の熱量についてはどうでしょうか。

わたしは氣性の激しいところがあり、以前は、弟子やスタッフに怒りを交えて伝えようとする悪いクセがありました。もちろん私憤ではなかったのですが、振り返ってみれば、それによって相手が良くなることはなかったように思います。

ときには、相手の心に深く残すために、あえて怒ってみせることも必要です。しかし、自分の感情に任せて本当に怒ってしまえば、1で済むところを10で接してしまうことになるのです。

さらにいえば、こうした伝え方は、相手の心に無意識の抵抗を生じさせます。すると、相手がこちらの意図を正しく理解し、自発的に動くことはなおさら難しくなってしまうでしょう。対談のなかで、掘さんもおっしゃっていますが、そもそも「怒る」という行為はたいへんなエネルギーを要するものなのですから、ムダなエネルギーをつかうことになるのです。

世の中のたいていのことは、相手の状態をよく理解していれば伝わります。余計な熱量は必要ありません。怒る必要もないのです。「怒らないようにしよう」と我慢するとさらに怒りっぽくなるものですが、「怒ることがいかに無意味か」を知れば、自然に怒らなくなっていきます。わたし自身がそうでした。

1だけで良いところに10で接すると、それは「抵抗」や「拒絶」として表れます。反対に、10が必要なところに1で接すると、それは「不信」や「疑問」として表れます。

大事なのは、こうしたサインを見逃さないことです。こういったことは頭で考えて理解できるものではありません。

それには「自分がどうしたいか」という視点から「相手に何が必要か」という視点に変わることが不可欠であり、道場では、技の稽古を通じてこれを学んでいるのです。

小指が持つ力

人間の指にはそれぞれ役割があり、小指は「支える」という役割を担っています。実感しやすいのは、重い荷物を持つときです。小指を軽くかけ、全身で支えるつもりで荷物を持つと、身体への負担が小さくなり、軽く感じるでしょう。小指を離して持ってみると、腕の力だけで支えるような感覚になり、ずっしり重く感じます。このように小指の役割は非常に重要で、小指にはたいへんな力があるのです。

藤平光一は、小指の持つ力を示すために、正面から力いっぱい押してくる相手を小指一本で支えるというデモンストレーションをしました。多くの人は「小指は弱い」と思い込んでいるので、これをみるとたいへん驚きます。しかし、実際のところはまったく逆で、小指がもっとも支えやすく、他の指で同じようにはできません。そのうえで「持つ」という動作において「小指の線」を活かすことを教えました。

「小指の線」とは、小指側を下にして手を前に出したとき、手や腕の最下部にあたるところです。

堀さんはこの「小指の線を活かす」という感覚を持っておられるようです。稽古では、そのことがさまざまな場面で発揮されています。たとえば呼吸動作の稽古。若い経営者が力ずくで堀さんを投げようとしても、にっこり笑ってビクともしません。これは、堀さんが小指の線を活かして相手の手首を持っているからです。手の力だけではなく全身で支えているので、盤石なのです。

わたしが若手の指導者であったころ、激しい稽古で身体に負担がかかることがありま

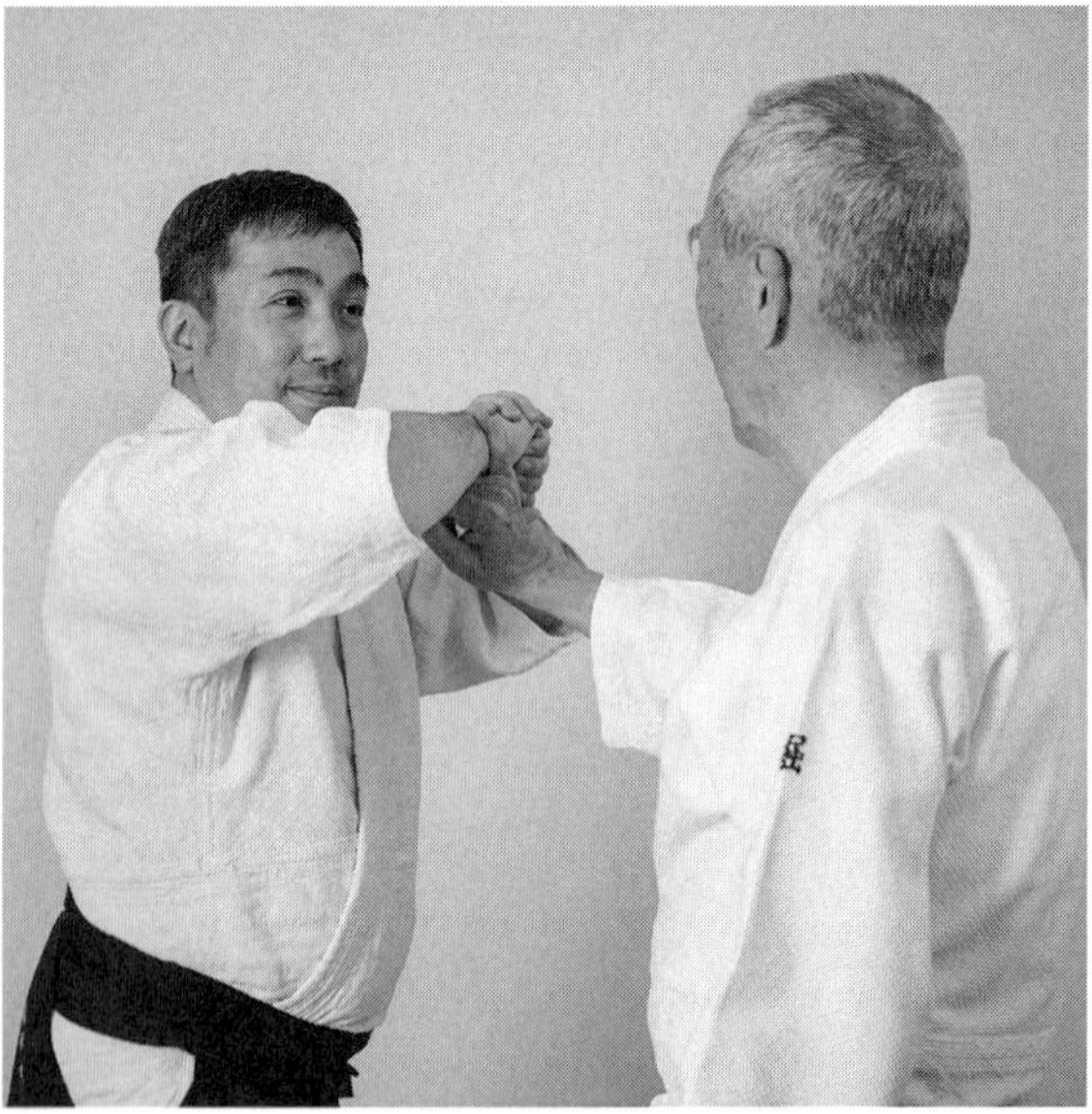

した。いまにしてみれば、身体のつかい方に無理があったのですが、当時はまったく氣づいていません。とくに辛《つら》かったのは、わたしよりも力の強い人がいくらでもいる海外での指導です。その力を手で支えようとしていたので、手首や肘、肩、背中に負担がかかっていたのです。

そんなあるとき、「小指の線を活かす」ことを教わりました。

初めて聞いたわけではなく、それまで何度も教わっていたことです。しかし、さまざまな経験を経て、このとき、ようやく耳に入る状態になっていたのでしょう。それ以来、「持つ」という動作全般で小指の線を活かすようになりました。すると、以降は身体に負担がかかることがほとんどなくなりました。決して大げさな話ではなく、小指によって救われたのです。

じつはNHK総合テレビ『あさイチ』という番組に生出演させていただいたとき、小指の持つ力をスタジオでデモンストレーションする予定でした。その回のテーマは「ムダな努力よ、サヨナラ!」というもの。自然な姿勢や動作によって家事がいかに楽になるかを、スタジオで実際に出演者の方々に体験していただきました。ところが、番組全体の放送時間が短縮されることになり、生放送中に小指の持つ力のくだりだけカットされ、またの機会にとなりました。

受身を身につけて「身を護る」

「受身」というと、バーンと畳を手で叩くイメージを抱く人が多いかもしれません。心身統一合氣道では、固い床や地面の上で受身をとることも想定しているので、手で叩くことはせず、身体のどこも打ちつけることなく頭を守ることを訓練します。

人間は前に倒れるときは自然に手が出るものですが、後ろに倒れるときは手が出せません。そのために後頭部を直接打ちつけたり、背中を打った流れで頭も打ちつけたり、ときに生命に関わるようなケガをすることがあります。凍結した道路で転倒するのも、前に転ぶより、後ろに転ぶほうが大ケガをするリスクは高いのです。

そのため、稽古では、あぐら姿の状態から後方に受身をとることから始めます。

ポイントは心を向ける方向です。「いまから後ろに倒れる」からといって、顔の向きと反対である後方を意識して受身をとると、倒れ込んでしまい、頭を守ることができません。顔の向いているほうに心を向けたまま受身をとれば、頭を守ることができます。

この受身を日ごろから訓練しておくと、万一、日常生活のなかで転倒したときにも、無意識のうちに頭を守ることができます。70代のある経営者の方は、接待を受けた席でお酒をたくさん飲んでしまいました。その日は雨が降っていたこともあり、店の外にあった段差で足を滑らせ、後方に転倒してしまったそうです。それでも、とっさに受身をとって頭を守ったことで大事には至りませんでした。この方は、大学時代に稽古していて「学生時代にしていた稽古のおかげで命拾いしました」とおっしゃっていました。決して大袈裟な表現ではなく、本当の命拾いだったのでしょう。

小さい子どもは頭が重いこともあり、よく転倒するものです。日ごろから受身で頭を守る習慣を身につけておくことは大切なことです。心身統一合氣道では、早い子は3歳になる前から受身の訓練を始めています。すると、当たり前のこととして受身が身についていきます。

わたし自身も2歳から稽古をしていました。小学生のころ、自転車同士で衝突してしまったことがあります。見通しの良い交差点での出会い頭で、お互いにかなりスピードが出ていました。相手はスポーツタイプの自転車でヘルメットを着用していましたが、わたしは不用心にも何も着用していなかったのです。覚えているのは、自転車から空中に投げ出されたところまでで、その後は何をどうしたのか記憶にありません。しかし、どうやら頭はしっかり守ったようで、全身擦り傷だらけでしたが、頭を打つこともなく、検査では何も異常はみられませんでした。そもそも事故を起こさないことが最善とはいえ、万一のときに身を護れることもまた大事なのだと身をもって知りました。

余談ですが、受身には、背中が畳に触れることで血行が良くなるという効用もあります。また、横になった状態から起き上がる動作も楽にできるようになります。

いつも道場に早めに来られる堀さんは、稽古の前、つま先立ち歩きと氣の呼吸法、そしてこの受身の訓練を欠かしません。

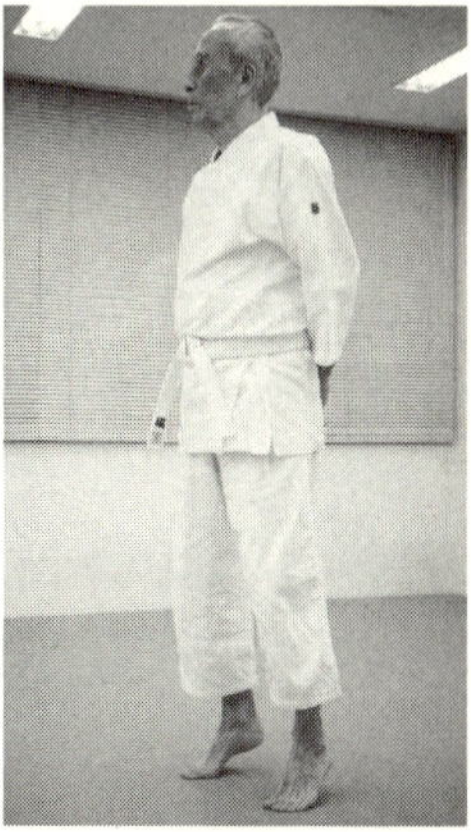

筋肉を保つ

年齢を重ねることで筋肉が衰えるのは、ある意味で仕方のないことです。ただ、あまりに筋肉が落ちてしまうと日常生活の動作に不自由が生じるばかりか、熱中症になりやすくなることもわかっています。ご年配になるほど、筋肉を保つ努力と工夫が必要です。

ただし、筋肉はただつければ良いというものではありません。稽古をしていると、筋肉の「質」が重要であることがわかります。

硬く柔軟性のない筋肉はケガをしやすいものです。たまにデモンストレーションで、わたしの腕の筋肉に触れていただくことがあります。力を抜いているときは水風船のように柔らかいのですが、力を込めるとカチカチに硬くなることを確かめていただくものです。柔らかい筋肉だからこそ、いざというときに力を発揮することができます。日ごろから硬い筋肉では十分に力を発揮することはできず、同時にケガもしやすくなります。

柔軟性のない筋肉がつく原因の一つは、不自然な姿勢にあります。バランスの悪さを筋力で補おうとするため、その負荷で硬くなります。また、無理な身体の使い方をすることで力みが生じ、その繰り返しでも硬くなります。心身統一合氣道の稽古では、自然な姿勢を確認したうえで、無理のない身体の使い方を心がけるため、柔軟性のある筋肉を得やすいといえます。さらに、自然な姿勢・動作でついた筋肉ですので、無理につけたものより落ちにくい、日常でつかえる筋力となります。

そもそも、人間の身体は、全身運動で鍛えるのがもっとも効果的です。腕、背中、脚など、それぞれを部分的に鍛えると、強い部分と弱い部分が混在することになり、弱い部分にかえって負担がかかり、ケガの元となります。全身運動で鍛える筋肉はバランス良くついていくためケガが生じにくいといえるでしょう。先ほど触れた受身も全身運動の一つですから、筋肉を保つうえでもとても有効なのです。

藤平光一は子どものころ、虚弱児でした。強い心、強い身体に憧れを持っていたといいます。学生になると筋力トレーニングに没頭し、一時は、自分の胸の筋肉で呼吸がしにくくなるほどの筋肉をつけたそうです。「さぞ強くなったことだろう」と思いながら田舎に帰省したのですが、農作業を少し手伝っただけでへばってしまいました。まわりをみると、ずっと年配の人たちが自分よりも多くの作業をこともなげにこなしています。「自分の鍛え方には誤りがあるのではないか」と、このとき学んだそうです。それ以来、一度も筋力トレーニングをすることはありませんでしたが、80代になっても柔軟性を持った筋肉を保っていました。

「行き先」が一致しているか

技の稽古では、どうしても相手を自分の思い通りに動かしたくなるものです。しかし、相手には相手の行き先があります。それを理解することなく自分の行き先を強要すれば、相手とぶつかってしまうのは当たり前のことです。技においてもっとも重要なことは、相手の行き先を理解して、その行き先を導くことです。

部屋のなかにある物を一つ選び、目標として決め、それを指さしてみてください。このとき、わたしたちはどのように動いているでしょう。まず、目標となるものに心を向け、次に指先から身体が動いているはずです。つまり、行き先が定まってから、身体が動くという順番になっています。目標が明確に定まっていないと、腕全体を動かしたり、ダラッと腕を上げたりするのです。

技においても同じことがいえます。

相手がこちらにかかってくるとき、相手には必ず決めた目標があります。目標となるものに、身体よりも先に、心が動いているのです。大切なのは、その心の「行き先」を導くことです。そうすれば相手とぶつかることなく投げることができます。その「行き先」は氣が通っているときにわかります。もし、相手を投げることに執着して氣が滞ってしまうと、まったくわからなくなってしまうのです。

仕事においても同じことが生じます。

チームで仕事をするとき、個性はそれぞれで構いませんが、行き先だけは一致している必要があります。どれだけ優秀なメンバーが揃ったとしても、行き先がそれぞれ異なっていたら、どこかの段階で必ず機能しなくなります。反対にいえば、行き先さえ一致していれば、個人の性質の違いはまったく問題にならず、むしろ違いがあることでそれぞれの役割ができて、全体として機能していきます。

メンバーの行動すべてをコントロールしようとすると、それは「支配」です。反対に、すべてを放っておくのは「放置」です。「支配」でも「放置」でも物事は上手く運びません。大事なことは「行き先」が一致していること、また一致するように導いていくことであり、それが達成できたとき多様性が発揮されます。

堀さんと一緒に稽古をしておられる株式会社マツモトキヨシホールディングス常務取締役の松本貴志さんは２０１８年に次のようにお話ししてくださいました。

マツモトキヨシは85年続いている会社です。祖父、父、そして現在は兄とわたしと続いていています。さまざまな経験や考え方を持つ昔からの社員がいるなかで、改革を進めていかないといけません。以前のわたしであれば、それまで学んできたビジネスの考えに基づき論理を突きつけて、「こうしてください！」と命令してぶつかっていましたが、心身統一合氣道の稽古を始めてからは「導く」ということを意識するようになりました。

相手とぶつかるときには「なぜ、ぶつかっているのか？　相手はどこに行きたいのか？」と考えられるようになったのです。心身統一合氣道の技の稽古と同じで、自分の行きたいところに強引に進むだけでは、本当の意味で相手を動かすことはできません。「この人はこっちに行きたがっているから、それを尊重して行き先を変えよう」と導けることが少しずつ増えていきました。以前であれば、自分と意見が違う人間は

「障壁」だと思っていたので、ともに歩むようになってからはストレスが少なくなりました。

このように経営者やリーダーは、稽古を通じて「行き先」を理解し、人を導き動かすことを学び、それぞれの会社で活かしています。

「タイミング」と「間」

技においては、「タイミング」が重要です。

不適切なタイミングで動けば相手とぶつかってしまい、技は上手くいきませんし、適切なタイミングで動けば、相手とぶつかることなく上手くいきます。そして、適切かどうかは、相手と自分との関わりにおいて自然に決まるものであり、意図的にはかって得られるものではありません。

誰かと握手をする場面を思い浮かべてみてください。

もし、あなたが突然バッと勢いよく手を出せば、相手は驚いて手を出せないでしょう。逆に、あなたがあまりにもゆっくりと手を出せば、相手は自分の差し出した手の行き先を失ってしまうかもしれません。お互いに氣持ちよく握手を交わすには、適切なタイミングで手を出すことが必要です。

初めて会う人との握手と、長年の友人との握手では、タイミングは微妙に違うでしょうし、「誰に対してもこのタイミングで」という唯一の正解もありません。厳密にいえば、人の数だけ適切なタイミングがあるわけです。タイミングについて考え込んでも答えは出ませんし、それによってかえって氣が滞り、わからなくなってしまうでしょう。大事なのは、氣が通っている状態で、相手と自分との関わりを感じとることです。


技においては、「間《ま》」も重要です。

間は、日本の伝統芸能においてとくに重視されます。間も自分一人の存在で決まるものではなく、周囲との関わりによって決まります。「自分がどうするか」あるいは「自分がどうしたいか」に固執すると、周囲との関わりを失ってわからなくなるのです。技の場合は「相手を投げたい」と執着することで、間がわからなくなってしまうことがよくあります。

日常での例をあげれば、スピーチにおける「間」があります。

大勢の前でスピーチをするとき、緊張して早口になる人がいます。これは、氣が滞ることで周囲がみえなくなり、間がなくなってしまう事例です。

一般的な話し方のコツとして「読点は◯秒、句点は△秒、間隔を空ける」「とくに伝えたい内容は◯秒間空ける」などとよくいわれます。たしかにテクニックとしては役立つでしょうが、これは本来の間ではありません。自分の物差しで「間のようなもの」を意識的につくっているだけなので、不自然なスピーチになってしまうことが少なくありません。

間とは、周囲との関わりにおいて必要があって生じるものです。たとえば、こちらの言葉を聞いて理解するまでの間、自分に注意を向けるまでの間、といったもの。これは、周囲とのつながりをもって、氣が通っていればおのずとわかります。こうして生じる間を持つスピーチは自然なものになるでしょう。

「意識しているうちは半人前」、藤平光一はよくこういいました。意識するのではなく、感じとって、自然に体現してこそ本物である、ということです。

「タイミング」や「間」といったものを言葉で正確に表現することは不可能です。インターネットの動画でもなかなか伝わらないでしょう。だからこそ稽古の価値があります。

経営者やリーダーの方たちが、貴重な時間をつかってわざわざ道場まで足を運ぶのもそのためです。

ゴルフに活かす

経営者・リーダーの方々の多くはゴルフをしています。

そのため、少なからず「ゴルフに活かしたい」とも思っておられる様子で、稽古でゴルフのことに触れると目が輝きます。

たとえば先述した「自然な姿勢」や「臍下の一点」などは、ゴルフに直結しています。加えて、もう一つお伝えするのがゴルフクラブの持ち方です。

心身統一合氣道では、物を「氣で持つ」ことを教えています。物を持つ以上、持った物の隅々まで氣が通うことを基本としているのです。ゴルフクラブでいえば、クラブの先端まで氣が通っているのが当たり前ですが、姿勢に力みがあったり、クラブを握り込んだりしてしまうと、先端まで氣が通わなくなります。すると、正確なショット、勢いのあるショットができなくなるのです。

堀さんもゴルフをなさいますが、以前、道場でお話しした際「心身統一合氣道とゴルフが非常に似ていると思ったのは剣の持ち方です。力が抜けるのでなく、ポジティブに抜く感覚。これが完全に一致しています」とおっしゃっていました。堀さんは、遠くに飛ばそうとすると力んでしまい、クラブをギュッと握るクセがあったそうです。氣を学ぶうちに素直に持てるようになったようです。「ティーショットでも緊張すると意識が上がってくるのが、フッと静かに息を吐いた状態でやると、心が静まって良いポジションに収まる感覚を持てるようになりました。これは剣先まで氣が通う感覚と似ています」とおっしゃっています。

心身統一合氣道では安全上、真剣を用いた稽古は禁止しているため、木剣を用いて稽古します。木剣を真剣に（真剣として）扱っています。

木剣の稽古というと素振りを思い浮かべるかもしれません。しかし、ここでも土台となっているのは姿勢です。

実際、多くの人が、木剣を手に持った瞬間に姿勢が乱れてしまいます。木剣を持たない状態でも、持った状態でも姿勢が変わらず整っていることが基本です。

姿勢を確認したら、次に持ち方の稽古をします。

木剣を強く握りしめると、持った部分に氣が滞って、木剣の先端まで氣が通わなくなります。刃に触れないように持ち、相手に対してまっすぐ押してみると、氣が滞っているときは姿勢がすぐに崩れることがわかります。他方で、ただ軽く持っているだけだと、同じように押されたとき、今度は剣が手からすべってしまいます。氣が通っていると、同じように押されても、剣は手からすべりませんし、姿勢も盤石です。この状態を「氣で持つ」といいます。

氣で持つことができて、はじめて、剣の振り方を稽古するのです。

ひとたび氣で持つことを会得すると、あらゆるものに活かすことができます。書画であれば筆の持ち方に、料理であれば包丁の持ち方に、そしてゴルフであればクラブの持ち方に直結しているのです。

「竹斬りの行」というものがあります。直径3〜4センチある青竹を木剣で斬る

行ですが、ただ斬るだけではありません。真ん中に切れ目を入れた一対の和紙に竹の両端を水平に入れ、さらにその和紙の切れ目にナイフを通して竹を支えます。つまり、少しでも竹に重さをかけると和紙が切れてしまい、竹は斬れることなくそのまま落ちてしまうという状態にしておくのです。

このとき、身体のどこにも力みがなく、先端まで氣が通った状態で木剣を振り下ろすと、和紙は切れることなく、竹だけを斬ることができます。「氣で持つ」ことが身についているか否かを確認することができます。

対談にあったホリプロの社員研修でも、最後に竹斬りの行をしました。

堀さんが竹斬りの行を研修に導入したのは、物めずらしさゆえではありません。この行に、その人の性質が表れることに注目したのです。氣が強い人、氣が弱い人。氣が通っている人、氣が滞っている人。それぞれの性質を正しく理解するからこそ、上手に活用することができたのでしょう。ちなみに、堀さんは毎回、見事に竹を斬ります。

次章の対談では、堀さんの人の見方や人材育成、さらには人生観についてお尋ねしていきます。

竹斬りの行を体験した俳優の藤原竜也さんと筆者

第4章
対談②

人をみる、人をつくる

『スター誕生！』は若手社員を育てる場だった

藤平　電話付きのアパートから始まったホリプロは、いまや、日本を代表する芸能プロダクションとなりました。今日に至るまでには、堀さんご自身がスター候補をスカウトし育てるという段階から、社員にそこを任せていくという過程があったわけですね。

堀　そうですね。「オレがやれば絶対スターにできる」と思い込んでいたのが、ホリプロの前半。まさに「若氣の至り」の思い上がりの時期です（笑）。でも、だんだん世の中のことがわかってくると、自分を客観的にみられるようになってくる。人間というのは、そういうものなのでしょう。当時のわたしは、仕入れから販売まで全部自分一人でやろうとしていました。もし一日24時間眠らずフル回転で働いたとしても、限界があります。要するに「こんなやり方では会社たり得ないな」と氣がついたのです。

藤平　仕事はどのように任せていったのでしょうか。

堀　それまではタマゴを生んで、温め、育てるまでを全部自分でやっていた。このうち、タマゴを生む人をまず育てようと思いました。そのころちょうど『スター誕生！』という視聴者参加型の歌手オーディション番組が始まったのです。毎週、優勝者を決め、1クール（3カ月）ごとに優勝者を集めた「決戦大会」が開かれ、芸能事務所のスカウトマンが集まって、グランドチャンピオンを決めるというシステムでした。その第一回決戦大会の案内が事務所に届いていた。

藤平　絶好のタイミングですね。

堀　まさに。「この番組を、タマゴを生む人材を育てる機会にしよう」と思って、決戦大会には若手社員を10人くらい連れていったのです。

藤平　いまでいうオン・ザ・ジョブ・トレーニングのようなものでしょうか。

堀　そうです。じつは『スター誕生！』が放送されていたのは日曜朝11時で、これは視聴率の取りづらい、いわゆる「死に時間」でした。当初は視聴率も苦戦していて、しかも第一回の決戦大会ですから実績もまだない。そこにホリプロが大人数で参加したのですから、日本テレビの担当者はたいへん感激してくれました。

藤平　そうだったのですね。

堀　それが時代を代表する番組になり、多くのスターが生まれることになるなんて、そのときは知るはずもありません。成功するかなんてわからない。ただ、「若手社員を育てる機会になれば」と思って参加しただけです。初代グランドチャンピオンの森昌子をはじめ、山口百恵などの多くのスターをこの番組で発掘できたのは、結局のところ「運」だと思います。

藤平 なるほど。多くの若手社員を『スター誕生！』に送ったのは、彼らの「人をみる目」を養うためだったのですね。

堀 なんていうのかな……。わたしと一緒にやることで、わたしがどこをみていて、どうやって磨き上げていくのかを直にみてもらうことと、その体験を共有させたかったという感じでしょうか。

藤平 一緒の体験を積み重ねていく。

堀 ええ。それが成功したとしましょう。タマゴを生む段階から一緒に行動すれば、彼らも達成感や勝利感をともにできます。本当はあまり役立っていないのかもしれないけれど、勝利に貢献した氣分を味わうことはできる。これがスタートになると思ったのです。

藤平　その体験によって、今度は自分でできるようになる。

堀　はい。勝利感を共有したチームは強くなる。次につながる氣がします。わたしの個人的な感覚なので正解かどうかはわかりませんが。

藤平　それは、日ごろの稽古でいえば「氣が通る」ということではないでしょうか。できるかどうかわからない状態では、氣が通りません。たとえ与えられたものであったとしても、一緒に「できた！」という体験を共有すると氣が通る。堀さんは当時から、そういうことをなさっていたのはないでしょうか。

堀　そうかもしれませんね。わたしとしては、タマゴを生む人間を単数から複数にしよう。それだけの発想だったのです。

藤平　そして、実際に複数になったのですね。

人をみる目

藤平　スター候補を発掘するには「人をみる目」が必要だと思います。この「人をみる」能力についてお聞かせください。

以前に対談させていただいたとき、堀さんは「お化粧をした顔ではなく、待合室でたたずんでいるときにふと発しているものをみる」といわれました。

堀　ええ。それは「ホリプロタレントスカウトキャラバン」を始めてから氣がついたことです。オーディションでは約50人ずつを部屋に入れ、一人ずつ前に出て課題をやってもらいます。課題は歌だったり、ダンスだったり、セリフをいってもらうこともある。みな熱心にやるのですが、やはり緊張があるのでしょう。前に出てきた途端に表情が硬くなったり、変な顔になったりしてしまう。それまでの経験から「これをみていたらダメだな」と氣がつきました。それよりも、後ろで控えているときや、待合室にいるときの表情やたたずまいをみたほうがずっといい。

藤平　なるほど。

堀　そういう目でみると、後ろにいる50人のなかに、キラキラ光るものを持っている子が必ずいるのです。何がどう違うのかは言葉では上手くいえないけれど、とにかく輝いてみえる。

藤平　その「上手くいえない」部分について、もう少しお聞きしたいのです。具体的に、何をみているのでしょうか。顔のつくりや表情といった「形のあるもの」ではなさそうです。

堀　何なのでしょうね……。面と向かって決めるときの決め手は「歯」「目」「声」だと思っています。いまはビジュアルの時代ですから、歯並びが良いに越したことはない。でもそれ以前に、歯がきれいな子には咀嚼《そしゃく》力がある。これは健康にもリンクしています。また、目も大事です。「眼力」という言葉があるように、やはり事を成す人物は目に力がある。声は、大きい声が出せるか、出せないかです。大きい声を小さくつかうときれいに聞こえますが、声の小さな人が大声を出すと汚くなってしまう。スピーカーと同じ原理ですよ。出力の小さなスピーカーでボリュームを上げると汚い音になるでしょう。出力の大きなスピーカーなら、小さな音量、普通の音量でもきれいに鳴らすことができます。

藤平 でも、待合室にたたずんでいる子の声は聞こえませんね。

堀 そう。だから「歯」「目」「声」だけではなく、プラスアルファをみていると思います。「オーラ」という言葉がありますが、そこまでオーバーなものでもありません。なんというか、キラキラするものを持っている子がいるのです。

藤平 自分のことを「良くみせよう」としてもバレてしまうわけですね。

堀 意識してつくろうとしたらダメでしょうね、たぶん。

藤平 堀さんにはそれがみえるということですね。

堀 どうなんでしょう。人間、そんなに万能ではありません。自分が本当にみえているかはわからないのです。つくっているからダメだったのか、そもそも輝いていなかったのか。わたしがその子の素質に氣がつけなかっただけの可能性もあるのですから。

藤平 「みえる」と思った瞬間にみえなくなるのですね。

堀 ホリプロ設立15周年をきっかけに始めた第一回ホリプロタレントスカウトキャラバンは、わたしが責任を持ってやりました。このとき選んだのが、当時高校生だった榊原郁恵です。彼女は本当にキラキラしていましたね。でも、前に出てくると、欠点も目につくのです。たとえば「足が太い」なんていう声もあって、審査員を務めた社員のうち、賛成したのはわたしと守屋だけ。他の社員は全員反対でした（笑）。

藤平　そうだったのですか（笑）。

堀　でもね、審査員全員が「まあまあ良いね」という子を採ってはいけないのです。大半がダメというのに一人だけが「絶対にこの子だ！」という子を採るのがいい。

藤平　それはなぜですか。

堀　全員が「まあまあ良い」「悪くない」というのは一見すると良いことに思えますが、じつは誰もその子の将来に責任を感じていないのです。

藤平　なるほど。「絶対にこの子だ！」と主張している人は、責任を負う覚悟を持って発言しているわけですね。

堀　そうです。だから欠点ばかり探していたら、誰もデビューなんてさせられません。「足が太い」のだって健康な証拠でもある。そうわたしが主張して、彼女に決めました。彼女はもうすぐ60歳ですが、いまだに愛されていますね。

凡人の上限は2割5分

藤平　良い人材の発掘は、組織の長を務めるわたしにとっても大きな関心事です。心身統一合氣道会には現在、国内だけでも数多くの指導者がいますが、将来、良い指導者になる見込みのある人材は常に探し続けています。それでも、わたしのみる目が至らないせいか、上手くいくときも、そうでないときもあるというのが現実です。

堀　それはそうですよ。わたしだって、デビューさせた子が全員必ずスターになったわけではありません。スターになれる逸材に氣づかず、見落としてしまったことも、恥ずかしながらあります。言い訳も含め、自分の身の丈を考えれば、成功率なんて大したものではない。わたしは「凡人の上限は2割5分」だと考えています。

藤平　2割5分ですか。

堀　プロ野球でいうと、打率3割を超えるのは王、長嶋のような天才だけでしょう。会社の事業として考えれば、天才をアテにした事業展開なんてできません。もし天才が出たら、それはボーナスです。凡人の平均はせいぜい2割2分ぐらいですから、事業はそれでまわるようにしておく。もし成功率2割5分になったら御の字で、そこが儲けになる。残りの7割5分の失敗も、そこから多くを学ぶことができれば、それもまた儲けだろうというふうに考えています。

藤平　なるほど。わたしは打率3割を求めていたような氣がします。

堀　打者からしたら、できるだけいいところをみせたくなるのですよね。でも、毎打席、場外ホームランを狙っていたら、決して良い打者にはなれません。狙うのはジャストミートです。ジャストミートした打球が、不運にも野手の正面に飛んでアウトになることもありますが、それで構わない。その繰り返しで、淡々と2割2分から2割5分を目指す。そうするうちに、ジャストミートしたボールがたまたま場外ホームランになることもあるかもしれません。場外ホームランとはそういうもので、狙うべきものではない、とわたしは思います。

藤平　わたしは現在でもメジャーリーガーの指導をしていますが、ジャストミートの重要性は共通認識のようです。ジャストミートの結果がどうなるかは、神のみぞ知るということですね。

堀　そこは「運」に任せるしかない。

藤平　始めから、ホームランありきではない。

堀　はい。個人としてやることはジャストミートを心がけることだけ。その結果が内野ゴロであろうと、外野フライであろうと、ヒットであろうと、結果は二の次、三の次だと思います。ただ、ジャストミートの感覚がズレたり、芯を外したりするときは修正しなくてはいけない。

藤平　芸能プロダクションにおけるジャストミートというのは、具体的にはどういうことでしょうか。

堀　日夜、仕事をするなかで、打席に入る機会は数限りなくあります。ジャストミートもケースバイケースで、自分が企画した歌がヒットしたとか、スカウトした歌手がスターになったとか、さまざまある。それぞれ仕事の内容は違うのですから。要は、ジャストミートを自覚できればいいわけです。まわりが「あれはただのゴロだった」と評価しても、自分でジャストミートできているという感覚があればいい。

藤平　おそらく本の出版も同じですね。個人としてできることはジャストミートするだけ。この本がヒットするかも神のみぞ知るですね……（笑）。

堀　そういうものでしょう（笑）。

マネージャーは「自分をつくり、人をつくる」仕事

藤平　芸能プロダクションの仕事について、もう一つお聞きしたいことがあります。先日、テレビの民放の番組でホリプロの特集がありました。女優の石原さとみさん（ホリプロ所属）が、担当マネージャーのことを「もう一人の親のようなもの」と話していたのが非常に印象的でした。石原さんは10代半ばでこの世界に入ったので、最初は右も左もわからなかった。マネージャーから「やっていいこと」「やってはいけないこと」、「人が喜ぶこと」「人が傷つくこと」といった人としての基礎を教わったと話しておられました。

堀　そうでしたか。

藤平　これには驚きました。芸能事務所の「マネージャー」という仕事は、わたしはてっきり、タレントさんのスケジュールを管理し、仕事をとることだと思っていたからです。こういう教育係のようなことまでなさっているとは知りませんでした。

堀　はい。仕事をとってくるよりも、むしろ、そちらのほうが多いですよ。「人をつくる」ことが先決で、タレントの仕事は、その結果としてついてくるようなところがありますから。

藤平　わたしは、てっきり「仕事をつくる」人だと思っていたのです。

堀　もちろん、それも大切な仕事です。でも、重要なのはその手前。いくらいい仕事を持ってきても「人」がつくれていないと、機会を与えてくれた人たちの期待に応えられないでしょう。そうしたら、もう声はかかりません。最初の期待に応え、二度、三度とチャンスをもらい続けて、ようやくスターになる可能性が生まれるわけですから。

藤平　なるほど。

堀　そのために、まず、マネージャーが自分をつくらなくてはいけない。

藤平　マネージャー自身も自分を磨く必要があるということですか。

堀　それが理想です。といっても、現実は理想通りにはいきません。現実は、いつも未完成。そして、未完成だからこそ、魅力があるのです。完成したものに、人はそれほど魅力を感じない。少なくとも、わたしはそう思っています。

藤平　それはマネージャーもタレントも同じですね。

堀　マネージャーも未完成で、タレントも未完成。未完成同士なのだけれども、互いにキャッチボールをしながらだんだん腕を上げていくというのかな。

そうすると、マネージャーという立ち位置にいる側は、自然と、自分を磨かざるを得なくなるものです。誰かにいわれるわけじゃなく、自分で自分を追い込んでいくことになる。それが人をつくる、ということ。これは、わたしたちのいわゆる企業文化、もしかしたら伝統みたいなものかもしれません。

藤平　ホリプロでは、当初からそういう関係を築いていたのですか。

堀　わたし自身がそうでしたから。

藤平　なるほど。

堀　自分を磨かなくては、人をつくるなんてことはできません。若いときはよくそう話しました。ただ、いまはもう何もいいません。やはり、自分で考えてやることが大事ですから。

藤平　同じ番組で、石原さんは、仕事だけでなく、プライベートのスケジュールまでそのマネージャーさんと共有することもあるとお話しされていました。深い信頼関係が築けているのでしょうね。

堀　そうなればベストですね。ただ、その話は、ちょっと「できすぎている」という氣もするけど（笑）。

言葉ではなく、生き様、背中で教える

藤平　「人づくり」についてもう少しお聞きしたいです。マネージャーは、自分を磨きながら、タレントとキャッチボールしながら成長していくとして、マネージャー以外の方も、人づくりに関わっているのでしょうか。

堀　技術的な部分、セリフのいい方やダンス、歌唱指導といったものはそれぞれの専門家がやります。そういう技術ではないところ、一人の社会人としての心構えや、人生をどう生きていくかという部分については、マネージャーがやる。これは言葉ではないのです。理想をいえば、生き様で教える。そうしてもらいたいとわたしは思っています。

藤平　生き様で教える。『ホリプロ50年史』でも、堀さんは「人の背中から学んできたからこそ、自分が後ろからみられているのだとも思う。背中をみられているということは、こちらは隙だらけ。でも、隙があっても打ち込めない。そういう態度でいれば、それが継承されていくのじゃないかな」と話されていますね。

堀　そんなことといったかな（笑）。要するに、後ろ姿をみせるだけで指導できるようになりたい、と思っているだけですよ。対面で説教を垂れるのではなく、後ろ姿で指導ができるような人間になれればいいなということです。自分もそうやって学んできましたから。

藤平　堀さんが手本にした方はどなたですか。

堀　こういう人物になりたい、と思った人が二人います。

一人は永島達司さん。ビートルズ来日を実現させたことで知られる伝説的なプロモーターで、現在のキョードー東京の創業者です。並の英国人よりきれいなキングス・イングリッシュを話す美男子でした。素晴らしかったのは、人との接し方です。自分の立場、相手の立場は日々変化するものです。しかし、永島さんはお互いの立場がどんなに変わっても、接し方を絶対に変えない。いつも同じ付き合い方をするのです。世界的な大物ミュージシャンたちから敬愛されていたのも、その振る舞いゆえだと思いますね。

藤平　もうお一人はどなたですか。

堀　ニッポン放送、フジテレビの社長を務めた石田達郎さんです。この人も、上下の隔てなく誰とでも同じように付き合う方でした。こうした方々の生き様をみて「なんとかこの人に近づきたい」と思っているのですけど、なかなか難しいですね。

藤平　ふと思い出しました。先代も誰に対しても分け隔てなく接する人でした。かなり昔の話ですが、ある議員がアポイントも取らずに訪ねてきたことがあります。たまたまその場に居あわせた先代に「○○です」と自分の名字だけ名乗ったそうです。自分のことは当然知っているだろうという態度だったわけですが、先代は「どちらの○○さんですか」と応えたのです（笑）。

堀　突然、来ているのですから当たり前でしょう（笑）。

藤平　面食らったこの方は、今度は「議員の○○です」と名乗りなおしたのですが、今度は「議員の方がどういったご用ですか」と。

堀　先生らしいですね。

藤平　先代は常に客人を歓迎していましたが、相手によって態度を変えることはまったくありませんでした。このときも、先代は心から歓迎していたのですが、相手の方からしたら自分の経験したことのない対応に驚いたのだと思います。

堀　その人の力量に応じた座標軸みたいなものがあって、それを動かさないということだと思っています。それぞれの立場が上がろうと、下がろうと、付き合い方は変えない。

藤平　堀さんが手本とされたお二方は、その座標軸を持っておられたのですね。

堀　手の内を聞いたことがないので、それはわかりません（笑）。

藤平　ああ、そうですね。「後ろ姿」をみていたのですから。やはり、大切なものは言葉ではない部分で伝わっていくのでしょうか。マネージャーとタレントの関係にも、そういったものが求められる。

堀　もちろん、完璧ということはないでしょう。これはあくまでも理想です。でもね、その理想に向かって努力するスタッフがうちにはいて欲しい。そう願っているのです。

藤平　マネージャーという仕事がこういったことを求められる以上、人材として、かなり質の高い方ではないと務まりませんね。

堀　「質」というか「基準」は難しいですね。けっこうな落ちこぼれでもいいのですよ。優ばかりでなくてもいい。

藤平　それではマネージャーに向いているのはどんな人でしょうか。

堀　単純にいえば「好きである」ことです。好きでなくてはダメ。単なる「飯の種」として義務的にやっていたら、タレントとは絶対に上手くいかないと思います。

藤平　それは「担当するタレントさんのことを好きになる」ということだけではありませんね。

堀　そうですね。「芸能界が好き」でもいいし「音楽が好き」でもいい。そのジャンルに関わるものなら何でもいい。何でもいいから「好きである」ことは大事です。

藤平　そういう人材はどうやって探すのでしょうか。タレントさんの場合、スカウトであったり、オーディションであったりと思いますが…。

堀　定期採用ですが、この世界に愛情のない人はどこかで辞めていきます。結果として、好きな人だけが残る。ふるいにかけるのはこちらではなく、自然にふるいにかかっていくようです。

藤平　意図してではなく、結果としてそうなるわけですね。

堀　ホリプロは株式を上場したことがあります。（注：1989年に業界初の株式公開。1997年東証二部上場、2002年東証一部上場、2011年上場廃止）これは、社会的な認知度を高めるためで、その意味ではプラスになったと思うのですが、マイナスもありました。あるとき新卒採用面接で内定を出した学生が辞退した。理由を聞くと「地元の県庁職員に合格したから」というのです（笑）。

藤平　ホリプロが知名度の高い会社だから来たということですか。

堀　というよりも、単に「安定した仕事に就きたい」ということなのでしょうね。人によっては、そういう候補の一つになってしまったようです。

藤平　なるほど、「ホリプロ」という名前で選んでいるならまだいいわけですね。

堀　そう。それなら、まだいいんです。この業種が好きな可能性はありますから。わたしはよく知りませんが、昨今では業種を問わずにたくさん受ける人もいるようです。産業としてある程度認められたがゆえのマイナス面も出てきているのでしょう。

藤平　そうすると、タレントを発掘するのと同じくらい、良い社員を採用できるか否かが今後重要になるということですね。社員を採用する際、堀さんはどのようなところをみるのですか。

堀　最近はもうやっていませんよ。

藤平　当時のことで良いので、教えていただけますか。

堀　30年以上前の話ですけどね。それはやっぱり「歯」「目」「声」かな。

藤平　タレントをみる場合と同じですね。

堀　ええ。これは人間をみる基本だと思っていますから。わたしは「三原則」といっています。社員は舞台に上がって歌を歌うわけではないですけどね。それでも声が大きい方が性格は明るいだろうとか、歯がきれいなら健康な可能性が高い、目の力もやはり大事だと思っています。

エンターテインメント業界の未来のために

藤平　先ほどお話に出た株式の上場について改めてお尋ねします。ホリプロは、この業界で初めて株式を公開し、東証一部への上場も果たしました。株式公開の目的は何だったのでしょうか。

堀　この仕事を、ちゃんとした産業として社会に認知してもらいたかったのです。たとえば、かつて「株屋」と呼ばれていた業界が、いまでは「証券会社」として社会的に認知されています。芸能プロダクションも同じで、昔は「芸者の置屋と同じだ」と書かれたりすることもあった。もちろん我々は大いに反発したものですが、そうみられてしまう要因もあったかもしれません。そんな業界のイメージをクリーンにして、社会に認められるようにしたかったわけです。

藤平　それで株式を公開した。

堀　兜町《かぶとちょう》という第三者に「上場基準を満たしている企業」と判断してもらう。それで100％の人たちに認知されるかはわかりませんでしたが、それなりの信用は得られるかな、と考えたのです。

藤平　良い人材を確保する目的ではなかったのでしょうか。

堀　それは、結果ですね。結果としてそういう面もあったと思います。ただ先ほども話したように、プラスだけではなく、マイナスもありました。

藤平　その後、上場を止めたわけですが、これは新しい経営陣の判断ですか。

堀　いいえ、あれはわたしの判断です。次のボードメンバーに会社をすべて譲る最終決断をするときに、上場コストについて改めて考えました。金融庁と監査法人のハードルは年々高くなっていますから、かなりのコストがかかるのです。さらにいえば、我々の業界はマーケットから資金を調達する必要性はそれほど高くない。ましてや、この低金利時代ですから、銀行から調達したほうが有利なケースも少なくない。コストに見合っていないのではないか、と思ったわけです。

藤平　ご自身の判断だったのですね。

堀　そうです。当初の目的だった社会的な認知については、ある程度達成できたのではないかという氣持ちもありました。まあ、思い上がりかもしれませんが（笑）。

藤平　いえいえ（笑）。

堀　というわけで、上場コストをなくした段階で、次なるジェネレーションにバトンタッチしたのです。このとき、自分の持ち株もすべて手放しました。ですから「ファウンダー」なんていわれていますけど、ホリプロの株は一株も持っていません。こんなところ（注：この対談はホリプロ本社でおこなわれた）にいる資格はないんですよ（笑）。

藤平　そうなのですね。

堀　株の半分は息子たち、残り半分は「一般財団法人ホリプロ文化芸能財団」をつくって寄付しました。これは業界の人材育成のための法人です。年間30人ほどの大学生に奨学金（月額3万円の給付型奨学金。最長2年間給付）を出しています。このお金を、好きなミュージシャンのコンサートやお芝居を楽しむためにつかって欲しい。「学生のうちに遊べ！」という趣旨の奨学金です（笑）。

藤平　すごい奨学金ですね。対象となるのは、どんな学生さんですか。

堀　対象は「将来、エンターテインメント業界に関わる仕事に就くことを目指している学生」です。この業界は常に人材が足りませんから。

藤平　給付を受けた学生は、卒業後はホリプロに入るのですか。

堀　そんな条件はありませんよ。どこにいってもいい。これまでに100人以上に給付していると思いますが、ホリプロに来たのは一人だけです（笑）。ただ、できればエンターテインメント業界に進んで欲しいとは願っています。

藤平　そうなると、これは社会還元といってもいいですね。

堀　社会還元というよりも業界還元ですね。

藤平　たしかにそうですね。

堀　お世話になった業界にお返ししたい。カッコよくいえば、この業界の未来のためにつかいたいということです。

藤平　学生を支援しようと思われた直接の動機は何だったのでしょうか。

堀　この業界には人材が不足している。以前から、ずっとそう感じていたからです。

誰もやらないから自分でやろう、と。

藤平　いままで何度となくお話をさせていただきながら、初めて知りました。

「人氣」を生み出すシンプルワード「いい顔つくろう」

藤平　堀さんは数多くのスターを育ててこられました。人氣が高まっていくなかで、人にはどんな変化があるものでしょうか。

堀　十人十色です。ほとんど変わらない人もいるし、なかには傲慢になる人もいます（笑）。わたしが「氣」に興味を持った理由の一つが、この「人氣」でした。氣には人氣に通じるところがありそうだと思ったのです。人氣はタレントに限ったテーマではありません。舞台に上がる人たちだけでなく、人間には、誰しも人氣のある人と、そうでない人がいるでしょう。

藤平　はい。

堀　一例は学校の同窓会です。卒業後何年経っても、A君の周囲にはいつも大勢の人が集まる。ところがB君は常に一人で、なぜか壁の花になってしまう。これは人氣の差だと思うのです。人氣を得るにはどうしたらいいのかな、とさんざん考えてきました。

藤平　たしかに、特別なことをしなくても人氣のある人は自然にそうなりますね。

堀　作為的ではなくて自然にそうなる。いろいろ考えて、わたしがたどり着いた結論が「いい顔つくろう」というシンプルな言葉でした。

藤平　ホリプロ本社のエレベーター脇にある鏡に、小さくこの言葉が書かれていますね。

堀　「いい顔」「悪い顔」というのは、みた目の話ではないですよ。目がキラキラしているとか、そういう魅力的な雰囲氣のある顔が「いい顔」です。アメリカ合衆国の第16代大統領リンカーンは「自分の顔に責任を持たなくちゃいけない」といったそうですが、顔のメンテナンスをしなさい、ということです。

藤平　「いい顔つくろう」というメッセージは、タレントさんだけでなく、裏方である社員にもいえることですね。

堀　むしろ、社員に向けたものです。人氣はタレントだけでなく、マネージャーにも必要。タレントの仕事をつくるのは社員なのですから。もし社員がお通夜みたいな顔をしていたら、勝利の女神は絶対に微笑みません。毎日仕事をしていれば、嫌なこともある。それは仕方のないことです。でも、昨日の嫌なことは次の日、顔に残さない。朝、顔を洗うときに、鏡で自分の顔をチェックする。会社に出るときも鏡でチェックしてから営業にいく。社長時代はそう指導してきました。

藤平　「いい顔つくろう」とは、非常にシンプルなメッセージですね。

堀　単純に収斂《しゅうれん》できるものでないと何事も続かないのです。企画も同じで、複雑になるほど成功率は下がる。シンプルな答えを導ける企画は継続できるし、実行しやすい。成功率も高くなると思っています。

藤平　「シンプルである」とは、そういう意味なのですか。

堀　何事も放っておくと、どんどん複雑になる。植木と同じです。剪定《せんてい》しないと密集し、風通しが悪くなって、育たない。天の理はすごいなと思いますね。

藤平　なるほど。「いい顔つくろう」は七文字まで剪定されています。

堀　自分でも氣に入って自画自賛しています。まあ、よくある、ありふれた言葉ですけれど、もしかしたら人生もこれに収斂されるのじゃないかな。

藤平　堀さんが通っておられたクラブのママさんたちも、きっと「いい顔」をされていたのでしょうね（笑）。

堀　みんな、もう「いい年」になっちゃいましたけど（笑）。

藤平　タレントさんの場合、人氣が出て、いわゆるスターになる過程で自然に「いい顔」になっていくのですか。

堀　そうですね。タレントもルックス的に良い人ばかりではないでしょう。それでも、いい顔をしていれば衰えない人氣がある。だから、わたしたちは、新人タレントが成長してくると「顔ができてきた」というふうにみるのです。

藤平「顔ができてくる」ですか。

堀　はい。本人は氣がつきません。わたしたち裏方ならではのフレーズです。

藤平　氣がつかないのは、本人が自然にやっているからですか。

堀　それもありますが、周囲の影響も含めた複合的なものだからだと思います。マネージャーやわたしたち裏方は、それを口で説明するのではなく、自分の生き様、立ち振舞いで伝えていく。簡単なことではありませんが、それができれば一人前ということです。

人間の味わいをつくる「隠し味」

藤平　堀さんがそうした広い視野をもたれた理由の一つに、最初についた秘書の方の存在があるそうですね。ご著書によれば、堀さんができるだけ外の世界に触れるようにスケジュールを組んでおられたとか。

堀　彼女はその後、うちの社員と結婚して退職しましたが、もしあの子が秘書でなかったら、こんなにいろいろな世界の人と幅広く付き合うことはなかったでしょうね。

藤平　業界の外側の方とお付き合いをする意味は何でしょうか。

堀　社名がそれなりに知られてくると、いろんなところから声がかかるようになります。それでも、会合やパーティーでは、音楽業界の人間は隅のほうにかたまっていることが多かった。冗談で「同種交配は良くないぞ」なんていっていたのですが、やはり面識のない人と会ったり、知らない席に出向いたりするのは面倒なものです。わたしも最初は渋っていたのですが、秘書がどんどんそういう用件を優先して入れてしまう。「もっと幅広い方と会うべきです」というわけです。まったくそのとおりなので、渋々でも出かけているうちに慣れました（笑）。

藤平　違う人々と交わるなかで視野も広がっていくのですね。

堀　大事なことだと考えています。

藤平　堀さんが、俳優の藤原竜也さんを心身統一合氣道の稽古に送ってこられたときは驚きました。それ以来、藤原さんとはもう10年以上のお付き合いになりますが、当時、堀さんは藤原さんの「俳優としての隠し味に」といわれたのを覚えています。あれは藤原さん主演の舞台『ムサシ』の前でした。

堀　わたしは、隠し味は、料理にとって非常に大事な要素だと思っています。人間も同じで、表に出ている味はそんなに違うものではない。でも、その味わいのなかにたくさんの隠し味が含まれている人と、そうでない人とでは、深みがまるで違ってくる。その差は、隠し味のクオリティだと考えています。

藤平　藤原さんが稽古に来た当初、まだ脚本の中身も決まっていなかったのを覚えています。立ち回りが多くなるかもしれないとのことで、剣の稽古もかなりやったのですが、実際の舞台ではほとんどありませんでした（笑）。主として、宮本武蔵の内面が描かれた作品で、だからこそ、結果として「隠し味」が重要だったのかなと思いました。

堀　たしかにそうでしたね。でも、足の運びや身のこなしなど、稽古の成果は随所に活かされていたと思います。斬り合いはなくとも、剣を持ったり、構えたりするシーンはたくさんありましたから。そのときの姿勢もさまになっていた。

藤平　それは良かったです。

堀　そうしたセリフのいい回しではない部分がものすごく大事なのです。

藤平　氣がつかないからこそ「隠し味」なのですね。

堀　ええ。だから、氣がつかない人も当然いるでしょう。でも、本当に美味しいものを食べれば「なぜだかわからないけどウマい」と感じる。同じように「なぜだかわからないけど面白い舞台だ」と思ってもらえたらいい。わたしは、21世紀は隠し味の時代になると思っています。

藤平　隠し味の話は、さきほどの「いい加減」にもつながるのでしょうか。

堀　いくら強い魅力があっても、その良さがギラギラと全面に出るとtoo muchになってしまいます。「過ぎたるは及ばざるが如《ごと》し」というでしょう。

藤平　なるほど。

堀　ただ、「このくらいの塩梅《あんばい》で」と一概に決められるものでもない。たとえば年齢。若い人が隠し味の魅力を追求しすぎても嫌味かもしれない。

藤平　人の発する魅力には、たくさんの味わいや奥行きがある。まわりの人々がみているのは、その最終的な一部分に過ぎないということですか。

堀　そういうことです。和食でいえば、米、味噌、しょうゆは絶対必要ですが、それだけでは料理にならない。だから隠し味を効かせる。ところが、同じ皿を出しても、受け取るものは人によって違う。食べる側の調子もある。心や身体のコンディションによって、同じものが美味しかったり、マズかったりするでしょう。

藤平　人間もまた然《しか》りですね。

堀　そう思います。

藤平　『ムサシ』は初演から観劇させていただいています。脚本は井上ひさしさんでしたね。武道の世界に身を置くわたしたちからみても唸《うな》るシーンが随所にありました。よほど深い洞察がなければ書けないものではなかったかと思います。

堀　あの作品を書くためだけに集めた本が、家中に積み上がっていました。信じられないほど膨大な資料を集め、考え抜いて書いたのでしょう。じつは企画した当初は完成できず、28年越しで実現した舞台でした。

藤平　一度、企画が流れたということですか。

堀　そう。もともとはブロードウェイで宮本武蔵をミュージカルにしようという企画だったのです。当時現地で大ヒットしていたミュージカル『ドリームガールズ』の作曲家ヘンリー・クリーガーを日本に呼んで、準備を進めていました。ところが井上さんがとうとう書けなくてキャンセルにしたのです。

藤平　うわぁ、そこまで進んでいたのに……。さぞたいへんだったのではないでしょうか。

堀　ええ。それはもうたいへんでした。でも、井上ひさしという人もなかなか面白い人物なのです。それから20年以上経ったある日、突然電話をしてきて「堀さん、今年中に『ムサシ』を書きます。おもしろくなかったら原稿は捨ててくれていい」というんですよ。

藤平　ええ！

堀　そんなことをいわれても、こちらとしてはボツにした企画です。かかった経費もすでに損切り済みでした。そう答えたのですが「それでもいい。この原稿は、まずあなたにみせるのが筋だから」と譲らない。「そういうことでしたら」と、もう一度企画を立ち上げることにしたのですが、約束の年内にはできませんでした（笑）。

藤平　ははは（笑）。

堀　それでも年が明けてから、大枠を決め、舞台稽古を始めました。脚本はまだ完成しておらず、毎日、1枚か2枚ずつ、新聞の折り込み広告のように届く（笑）。

藤平　面白いですね（笑）。

堀　そうして完成しないまま、ついに舞台初日1週間前になりました。井上ひさしさんには、初日に脚本が間に合わなかったという前科があります。担当者と「もし間に合わなかった場合はどうしよう」と善後策を話し合いました。演出の蜷川幸雄さんは「未完成でもオレはやる。初日は守る」という。するとエンディングのない舞台になってしまいます。本当にそれでいいのか。それを観たお客さんに補償をする必要はないのか。頭を抱えてしまいました。

藤平　すごい状況ですね……。

堀　わたしたちもそうですが、役者はさらに氣の毒だったと思います。自分のいうセリフがわからないわけですから、準備もできない。不安がる彼らをみた蜷川さんが、あるとき「井上さんのところへ陣中見舞いに行こう」と藤原竜也ほか役者全員を連れて、鎌倉に出かけて行ったそうです。すると、無精ヒゲぼうぼう姿の井上さんが出てきた。みな「この人も命がけで書いているのだ」と納得したそうです。

藤平　それも、蜷川さん流のやり方だったのでしょうね。

堀　ええ。まさにリーダーシップだと思いました。結局、初日の3日前に脚本は書き上がり、無事幕を上げることができたのです。これはおそらく、演劇史に残るエピソードでしょうね。

藤平　そうしてできあがった舞台が海を渡って大絶賛されたわけですね。

堀　ロンドン、ニューヨークで公演しました。不安だらけでしたが、いざロンドン公演の幕が上がったら、全員スタンディングオベーション。あれには驚きました。

藤平　この作品はかなり日本的な内容ですが、それが海を渡って、そのまま伝わるすごさがありますね。

堀　やはり、井上さんが込めたメッセージの普遍性でしょう。ベースにあるのは、「いさかいは止めなくてはいけない」というシンプルなものですから世界に通じる。それと、蜷川幸雄さんの演出。冒頭の象徴的な竹やぶのシーンが、このメッセージを際立たせていたと思います。

藤平　よく覚えています。心から美しいと感じました。

堀　あの竹やぶのイメージは、先ほどお話しした陣中見舞いに行ったときの鎌倉の光景がヒントになったそうですよ。

お天道さまはみている

藤平　ちょっと角度を変えて「欲」についてお聞かせください。「いまの若者には欲がない」という声があります。わたしは20年以上大学で指導しているのですが、学生の変化をみていて、たしかにその傾向はあると感じます。わたし自身は「欲」というものは大切だと考えていますが、堀さんはどうお考えでしょうか。

堀　日本は豊かになりすぎたのでしょう。だから、欲が生まれない。「働かざる者、食うべからず」という言葉がありますが、現代は、働かなくともある程度なんとかなる。心底おなかがすくことはほとんどない。そうした社会で欲は生まれにくいでしょうね。

藤平　芸能の仕事においても、「欲」は大事なものですね。

堀　大事だと思います。いい方を変えれば、モチベーションそのものですから。ただし、欲がありすぎるのもダメです。不正で逮捕されたどこかの大企業のCEOみたいになってしまいます。

藤平　そんな事件がありましたね。

堀　本人にしてみれば「自分の実績にはそれだけの価値がある」「このくらいは大丈夫だろう」と考えたのかもしれません。自分で勝手に物差しをつくってしまうのです。たしかに、心身を削ってがんばってきたのでしょう。実績も素晴らしいのでしょう。しかし、その物差しを自分でつくるのは間違いの元です。わたしたちは、絶えず、自分の身の丈にあった生き方をしているかを自問自答しなくてはいけない。世の中には「良い欲」と「悪い欲」があるのだなと思いました。

藤平「足るを知る」ということでしょうか。

ある国会議員から「永田町というところは毎日1ミリずつ感覚がズレていくところです」という話を聞いたことがあります。始めは「この国のために働きたい」「国民に尽くしたい」という志を持っていても、選挙に当選した瞬間から「先生」と呼ばれるようになり、少しずつ偉くなっていく。いっぺんに1メートルくらいズレれば、自分の変化に氣がつくこともできますが、1ミリずつだと自覚ができず、知らないうちにとんでもなくズレてしまう、というのです。

堀　活断層みたいなものですね。知らないうちに歪みがたまっている。大地震が発生して、そのことに初めて氣づく。

藤平　そうしたズレは、なぜ生じるのでしょうか。

堀　環境に溺れてしまうからではないでしょうか。

藤平　たいへん失礼な質問ですが、堀さんご自身はいかがでしたか。創業者という確固たる立場にいると、同じようなことになる可能性はなかったのでしょうか。

堀　「このくらいは許されるだろう」と自分から許容範囲を広げていくのが、いちばんマズイ。古くさい表現で恐縮ですが、それは自分ではなく、お天道さまが決めることだと思っています。昔の人はそういういい方をよくしましたよね。それを自分の物差しで決めるから間違いが起こる。

藤平　戦前は「お天道さまがみている」と子どもたちを教育したものだと先代はいっていました。戦後になってほとんどいわれなくなった、と。

堀　お天道さまがあんまり出なくなったからかもしれません（笑）。わたしたちはそういう教育を受けた世代です。現代でも必要な教育でしょう。他方で、お国のために早く死にたいとも本氣で思っていた。振り返ってみると、教育の影響は大きく、恐ろしいところがありますね。

藤平　いまの世の中には「不適切ではあるけれど違法ではない」という考えがはびこっています。この場合は、法律という物差しだけではかっていますね。

堀　スポーツ界のパワハラ騒動でも、第三者委員会が「不適切な行動や発言は随所にあったけれども、パワハラとはいえない」という結論を出したりしています。わたしは「不適切なことをするのがパワハラじゃないの？」と思うのですよ（笑）。

藤平　たしかにそうですね（笑）。

稽古の魅力は「自然体」にある

藤平「良い欲」と「悪い欲」。そこにも、「いい加減」の関わりがありそうです。

堀　そうですね。年齢や置かれた立場、社会環境に応じて、その塩梅を上手く調整するのがいいのでしょう。

藤平　その調節は、頭で考えてできるものではないですよね。

堀　ええ。本能的に、自然にできるのがいい。

藤平　先ほどの「真面目」もそうですね。

堀　真面目も過ぎてはいけません。いい加減が大事。その塩梅は計算してできるものではない。

藤平　自然体だから「いい加減」になる。

堀　そう思います。Ａさん、Ｂさん、Ｃさん、「いい加減」はそれぞれに違う。サジ加減も変わるし、ハカリの動きも異なっている。だから、絶対、方程式にはできない。

藤平　私事ですが、わたしは子どものころから「これと心に決めたら最後まで突き詰める」性格だったそうです。母は仕事と家事を両立していたため、いつも忙しくしていました。そこで、７歳になったわたしに子どもには難しいパズルを与えて、自分の時間をつくっていました。母が他のことをしていて、数時間経ってハッと氣がついたら、まだわたしはパズルを続けていたといいます。最後、わたしは泣きながらパズルを仕上げて、そのままパタッと倒れて40度の熱を出したそうです（笑）。

堀　そうでしたか（笑）。

藤平　基本的にいまもその性分は変わっておらず、研究対象がみつかると突きつめてしまい、いまも「いい加減」がわかっていないように思います。

堀　どうですかね。一つのことを極めるにはそういう性分も必要でしょうし、そもそも「いい加減」など意識的にできることではないのですから。自分でわかってできる人はおそらくいないでしょう。もし、わかろうとして意識的にやったら、その人の魅力は下がってしまうのではないのかな。あくまでも自然体でやるものだと思います。

藤平　意識的にバランスをとるのではなく、自然にバランスがとれているということですね。何だか心身統一合氣道の稽古の話をしている感じがします。

堀　もし「自分はバランスがとれている」という人がいるとしたら、怪しいですし、魅力的ではないとわたしは思いますね。ただし、この考えが合っているかはわかりません。申し訳ありませんが、正解は孔子《こうし》か孟子《もうし》にでも聞いてください（笑）。

藤平　そういたします（笑）。

堀　わたしの勝手な解釈ですが、心身統一合氣道の稽古も一言でいえば、自然体を身につけることですね。それを学びにいっているつもりです。魅力はそこにあるのだと思っています。いつも自然でいられる、というのかな。

藤平　その点では、わたしたち指導者も道半ばにあります。技においては体現できたとしても、日常では乱れている瞬間があります。先代は、「道場で学んだことを日常に活かすことが真の稽古である」と説きました。

堀　銀座のクラブも一緒ですよ（笑）。

藤平　ああ、耳が痛い（笑）。

堀　何事も、自然体だからこそ上手くいく。そこは稽古とつながっていますね。

勝負どころを感じる力は鍛えられる

堀　いろいろと偉そうなことを話してしまいましたが、結局、わたしの人生は、「偶然」と「運」ばかりなのだろうと思っています。せいぜい2割2分、3分の凡人なのに、結果的に上手くいっただけに過ぎません。

藤平　本当にそうなのでしょうか。

堀　そう思いますよ。ただ、人の運・不運は平等だとも思っています。神様も天も、人間にそんなに不公平なことはしないはずですから、運は誰にでも同じようにやってくるのではないでしょうか。違うのは、それをモノにできるか、できないかだけです。麻雀でいえば、ツモが良いときに欲張って強引に大きな手をつくろうとして、結果、振り込んでしまい、チャンスを逃す。

藤平　麻雀では、何をやっても上手くいく局面があったり、反対に、何をやってもダメだったりという局面がたしかにありますね。悪いときを上手にしのいで、大きく負けないようにしながら、いざ流れがきたらバッと乗っていくことが大切ですね。

堀　それと同じです。追い風が吹いているときに、それを活かしてモノにする人がいる。その一方で、せっかく風が吹いているのに、氣がつかない人もいる。センサーがないのか、鈍っているのか。

藤平　風に氣がつかなければ、ずっと運を逃してしまいますね。

堀　せっかく風が吹いているのにモノにできないと、次に風が吹くまでの時間が倍になるような氣がするのです。つまり、モノにした人には同じサイクルで風が吹き、逃した人にはそのサイクルが長くなる。屁理屈ですけど、これが実感です。

藤平　そうした「場」を感じとる能力について、堀さんはどうお考えでしょうか。生来に備わっている能力ですか。それとも磨くことのできる能力ですか。

堀　もう時効だからいいますけど、わたしがバンドをやっていた時代は、映画館の作品上映の合間にコンサートをすることがよくありました。すると映画を流している1時間半から2時間くらいヒマになるでしょう。この中途半端な時間に、楽屋でポーカーのようなちょっとした博打をやったものです。でも、裏方になってからは止めました。他人のお金を預かる身ですから、やるべきではない。すると、みるみる弱くなるのです。たまに手を出すと惨敗。まるで勝てなくなりました。

勝負勘が鈍くなるんでしょうね。おもしろいものです。

藤平　逆にいえば、勝負勘は磨くこともできるということですね。

堀　そういうことです。

藤平　博打と比べるのはいささか不適切かもしれませんが、そうした「勝負勘」は事業をするうえでも大事ではないでしょうか。いまは進むべきタイミングなのか、進んではいけないタイミングなのか。

堀　う～ん、これも無意識のものではないでしょうか。意識的にそういう計算をしたことはないですし、上手くいくとも思えません。

藤平　そうですか。

堀　ただ、事業でも麻雀でも押すときはわりあい簡単です。むしろ引くほうが難しい、という実感はありますね。

藤平　たしかにあと一歩で大きな役で上がれるというときに、手を崩すのは本当に難しいことですね。

堀　事業展開においても同じです。そこがいちばん難しい。

藤平　心身統一合氣道を学ぶ方に、８０００メートル級の山々を無酸素で登頂する登山家がいるのですが「いちばん難しいのは、頂上がみえているのに引き返す判断をするときだ」とおっしゃいます。

堀　なるほど。天候や時間の関係でどうしてもあきらめなくてはいけないことはあるでしょうね。それは、進む以上に勇氣のいることです。物事にこだわり過ぎてしまう、あるいは欲が強すぎると判断を誤る。事業も同じです。

藤平　適切な判断をする能力とは何でしょうか。

堀　わからないですね……。ただ、「身の丈に合っているかどうか」ということは常に考えています。いちばん大事なのは、自分の身の丈を知ることだと思います。

藤平　「身の丈」ですか。

堀　「大風呂敷を広げる」という言葉があります。これで失敗する人は少なくない。わたしは「一升瓶に一升五合の水は汲めない」とよくいうのです。

藤平　わかりやすいたとえですね。

堀　ただ、そういうことを考えるようになったのは、ホリプロを立ち上げてしばらく経ってからです。人生の前半は若氣の至りで行動していましたから。そのころは何もわからない。でも、わからないからおもしろいのですよ。

藤平　なるほど。

堀　そして、おもしろいから危ないのです。

藤平　ははは（笑）。

堀　理数系の問題には、正解が一つしかないことがあるでしょう。そういう問題では、解答にたどり着くまでの時間の長短だけで優劣が決まります。でも、文化系の問題は、全部正解ともいえるし、全部間違っているともいえる。

藤平　だから、おもしろいし、危ないのですね。

サミュエル・ウルマン『青春』の素晴らしさ

藤平　サミュエル・ウルマンの詩『青春』についてもお聞きしたいと思います。「青春とは人生の或る期間を言うのではなく心の様相を言うのだ」で始まるこの有名な詩を、堀さんは大切にされていますね。

堀　ええ。いまでも、会社のあちこちにこの詩を貼っています。重度の「青春病患者」

です（笑）。

藤平　ははは（笑）。

堀　この詩に出会って、わたしは本当に救われた。辛《つら》いときも乗り切れたと思っています。何しろ若いころは、この詩の縮小コピーを常にポケットに入れていましたからね。苦しいときは取り出して「人は信念と共に若く、疑惑と共に老ゆる。人は自信と共に若く、恐怖と共に老ゆる。希望ある限り若く、失望と共に老い朽ちる」なんて読んで、自分を勇氣づけていた。漫画のポパイの「ほうれん草」みたいなものです。

藤平　堀さんにとっての「座右の銘」なのですね。

堀　この詩を知ったのは、月刊誌の対談記事でした。評論家の扇谷正造さんがこの詩を紹介していて、ピンと来た。すぐ秘書に頼んで探してもらったのですが、どこにもない。それでもしつこく欲しがっていたら、やがていろいろ情報が集まってきました。どうやらこの詩はGHQのマッカーサー元帥が部屋に飾っていたもので、英語の原文（原題『Youth』）は昭和初期の『リーダーズ・ダイジェスト』に載ったらしい。そのうちコピーを人から譲ってもらい、本も入手しました。日本語訳は、岡田義夫さん、松永安左エ門さんのものなどいくつかありますが、どれも名訳だと思います。

藤平（額に入れられた『青春』をみながら）たしかに、素晴らしいものですね。

堀　この全文を読んで思い出したのは、尊敬する人物として先ほど挙げた石田達郎さんです。さっそく電話して「あなたの生き方の元ネタがわかりましたよ。ウルマンの『青春』でしょう！」といったら「そんな詩は知らない」というんです。

藤平　ご存知なかったのですか。

堀　わたしの見当違いだったわけですが「だったら読んでください」とコピーを送りました。そしたら、石田さんもポケットに写しを入れて持ち歩くほどの熱狂的な『青春』ファンになってしまった。この話にはさらに続きがあります。石田さんはその後フジサンケイグループで映画の仕事に関わることになるのですが、そこで知り合ったアメリカの独立系映画の業界団体（旧アメリカン・フィルム・マーケティング協会）の会長がウルマンの孫だったのです。「あなたのおじいさんの詩をわたしはいつも肌身離さず持っています」と伝えたら、たいへん感動してくれた。この縁は、日米映画界の強いネットワークを築くきっかけにもなったそうです。

藤平　それも「縁」ですね。

堀　そんなこともあり、石田さんたちは、この詩を愛する人たちの集まり『青春の会』を結成します。当時、赤坂にあったヒルトンホテルで開かれた設立パーティーには、中曽根康弘さん、鈴木俊一さんの姿もありました。松下幸之助さんは当日来られなかったのですが、お孫さんを通じて、自筆の『青春』が役員に配られました。わたしも部屋に飾っています。

藤平　みなさん、お年を重ねてもかくしゃくとしておられますね。

堀　そうですね。この詩のおかげかはわかりませんけど、みなさん本当に『青春』を心から愛するファンなんです。

藤平（一節を読み上げる）「年を重ねただけで人は老いない。理想を失う時に初めて老いがくる」。まさに青春かどうかは年齢ではない、ということですね。逆にいえば、20代で希望もなく、老いてしまうこともある。

堀　本当にそうだと思います。実践するのは簡単ではありませんが（笑）。

時間との付き合い方

藤平　秘書の方からお聞きしたのですが、堀さんは「時間」というものを非常に大事に考えていらっしゃるそうですね。

堀　ひとことで「時間」といっても、いろいろあります。たとえば約束の時間。これを守るのは原点だと思っています。わたしがこの世界に入ったきっかけのバンド、ワゴン・マスターズの当時のリーダー井原高忠さんがものすごく時間に厳しかったのです。ミュージシャンや歌い手には、時間にルーズなのが売りだったり、カッコよかったりするような文化があるでしょう。わたしもかつてはそうだったのですが、井原さんに厳しく鍛えてもらいました。自分に対しても、うちの社員にも、そこは厳しくしています。

藤平　堀さんの時間への姿勢については、先代も驚いていました。堀さんのご子息様の結婚式に参列したとき、式の進行が予定時間ピッタリだったそうですね。「さすがは堀さんだ」といっていました（笑）。

堀　そうでしたか（笑）。じつは、それにはもう一つ理由があるのです。ホテルで開かれるような結婚式のセレモニーは、通常3、4時間かかるのが一般的でしょう。芸能界や財界など、日本の社会を動かしている優秀な方々をそんなに長時間拘束したら、社会の損失だと考えた。それで「これからの結婚式は2時間にしよう」と話し合って、実行したのがその式だったのです。会場だったホテルオークラの関係者も「2時間は難しい」といってましたが、なんとかしてくれました。

藤平　この場合の「時間」とは、人の時間をいただいているという意味ですね。

堀　そうです。厳密にいえば、あのときは5分ほどこぼれてしまったのですけどね。ある方からは「デザートが食べられなかった」と怒られましたよ（笑）。

藤平　時間に関しては、「何かにかける時間」という観点もあると思います。最近では、何事もできるだけ短い時間で要領よくやるのが良いという考え方が多くなっているように感じます。時間をかけて取り組むのではなく、手っ取り早く身につけたい、知りたいという人が増えています。

堀　短い時間で何かをマスターしたり、達成したりできるのならば、それに越したことはないのではないですか。それは優れた才能だと思います。でも、本当に身につけようと思ったら、それなりの時間はかかるでしょう。

藤平　堀さんは、一つのことを長く続けられますよね。それだけの時間をかけているということでもあります。

堀　わたしにはそんな才能がないからです。「継続は力なり」風のアプローチでいく以外ないと思っていますから。手っ取り早くできるなら、それに越したことはありませんよ（笑）。

藤平　たしかに（笑）。

堀　ただ、手っ取り早くできるものは、それなりの結果にしかならないだろうとは思います。

藤平　時間をかけるべきところはしっかりかける。そうしなければ生まれないものがあるということですね。堀さんは「沢庵漬《たくあん》け」と「梅酒づくり」がご趣味とお聞きしましたが、どのくらい続けていらっしゃるのですか。

堀　40年弱でしょうか。じつはね、つくること自体に魅力を感じているわけではないのです（笑）。むしろ面倒で辛いことですよ。それでも、やり始めると止められない。

梅酒は健康のため毎朝ぐい飲みに一杯飲んでいます。クエン酸が疲労を取るのはもちろん、胃の活動を良くして血流も良くなるだろう、というわけです。機械的に作ったものより、ナチュラルなものを自分でつくったほうが良いに違いないと。沢庵も人工着色料で真っ黄色にした、甘いものが出回っていますが「あれは本当の沢庵とはいわない」という抵抗から始めたことです。

藤平　たしかに本物の沢庵を買えることはほとんどありませんね。

堀　それが思わぬ二次的効用で、沢庵によって新たな人脈も得ました。わたしが沢庵をつくっているという意外性もあるのでしょう。漬けあがって「これを肴《さかな》に一杯やろう！」と声をかけると、みんな喜んで来てくれるのです。高い料理屋に連れていくより効果がありますね。漬け込みでは糠《ぬか》と塩を混ぜるのですが、「手塩にかける」の語源はこれだな、とかいろいろなことにも氣がつきます。ストレス解消にもなる。日本人の魂を忘れず継承しようと、息子たちに後ろ姿で教えながら、魂を持って続けています。

藤平　沢庵や梅酒も時間をかけるからこそ得られるものがあるわけですね。

堀　はい。心身統一合氣道の稽古も時間をかけて続けていこうと思っています。

藤平　これからもよろしくお願いいたします。本日は長い時間、お付き合いいただきまして、誠にありがとうございます。

堀　こちらこそありがとうございます。

おわりに

この本を書いた目的は二つあります。

一つは、冒頭で触れたように、人生100年時代を迎え、現在80代、90代で世の中の最前線で活動される人生の大先輩からいろいろと学びたいと考えたからです。

ここ数年でわたしが対談させていただいた方だけでも、そのお手本となる方がたくさんいらっしゃいます。本書が発行される2019年4月現在で、歯科医師の福岡明先生（93歳）、日本総合研究所を創設した野田一夫先生（91歳）、統合医療を提唱する渥美《あつみ》和彦先生（90歳）、野球の広岡達朗さん（87歳）、ジャーナリストの田原総一朗さん（85歳）、医師の帯津《おびつ》良一先生（83歳）、みなさん氣力がみなぎっておられました。

わたしは「氣力」こそ人間が生きていくうえでもっとも大事なものだと思っています。その氣力の源泉を、道場で毎週のようにお会いする堀威夫さん（86歳）から、「氣」の観点でどうしてもうかがいたいと思ったのです。

もう一つの目的は、じつは、極めて個人的なものです。

堀威夫さんという方を通して、藤平光一の教えである心身統一合氣道の「氣」に触れてみたかったのです。なぜなら、広岡達朗さんが野球界における藤平光一の最大の理解者であるように、堀さんは芸能界における最大の理解者であるからです。

藤平光一は堀さんのことを「眼の奥が澄んでいる人だ」と語っていました。芸能界という厳しい世界に身を置きながら、キラキラとした眼をしている方だ、と。その言葉は非常に印象深く、藤平光一が亡くなったあともわたしの心から離れることはありませんでした。その堀さんのお話をどうしてもお聞きしたかったのです。

おそらく、本書はわたしの言葉よりも堀さんの言葉のなかに大事なことがたくさん含まれていると思います。しかし、それこそ本書の目指すものでした。

藤平光一は２０１１年5月19日に91歳で逝去しました。83歳まで道場に立ち、世界中の人々に指導をしていましたが、脳梗塞に倒れて以降は指導の現場に立てなくなりました。しかしながら、自身が教えてきたとおり、そこで氣を切ることなく、生涯にわたって自宅で弟子たちに指導を続けました。常にプラスの氣を堅持していました。

人生100年としたら、わたしはまだ折り返しにも来ていません。わたし自身も本書の内容に基づいて、諸先輩のように氣力が充実した人生を歩んでいきたいと思います。

最後までお読みいただきましてありがとうございます。

本書の内容が、少しでも読者のみなさんの役に立てばこの上ない喜びです。

「氣」の道場
一流経営者やリーダーはなぜ「氣」を学ぶのか

著者　藤平信一

2019年4月25日　初版発行

藤平信一（とうへい・しんいち）
心身統一合氣道継承者、一般社団法人心身統一合氣道会会長。慶應義塾大学非常勤講師。
1973年東京都生まれ。東京工業大学生命理工学部卒業。父・藤平光一より「心身統一合氣道」を継承し、現在は世界24カ国、約3万人の門下生に心身統一合氣道を指導、普及に務めている。米国・大リーグのロサンゼルス・ドジャースやサンディエゴ・パドレスの若手有望選手・コーチを指導するほか、経営者、リーダー、アスリート、アーティストなどを対象とした講習、講演会、企業研修などもおこなう。著書に『心と身体のパフォーマンスを最大化する「氣」の力』『「氣」が人を育てる』（いずれもワニブックス【PLUS】新書）、『一流の人が学ぶ 氣の力』（講談社）、王貞治、広岡達朗との共著に『動じない。』（幻冬舎）などがある。

発行者　佐藤俊彦
発行所　株式会社ワニ・プラス
〒150-8482
東京都渋谷区恵比寿4-4-9　えびす大黒ビル7F
電話　03-5449-2171（編集）

発売元　株式会社ワニブックス
〒150-8482
東京都渋谷区恵比寿4-4-9　えびす大黒ビル
電話　03-5449-2711（代表）

装丁　橘田浩志（アティック）、柏原宗績
撮影　門馬央典
編集協力　古田　靖
DTP　小田光美（オフィスメイプル）
印刷・製本所　大日本印刷株式会社

ISBN 978-4-8470-6147-9
ワニブックスHP　https://www.wani.co.jp